文化视角下英语翻译实践新探索

王　瑜◎著

中国出版集团　现代出版社

图书在版编目（CIP）数据

文化视角下英语翻译实践新探索 / 王瑜著. -- 北京:
现代出版社, 2023.2
ISBN 978-7-5231-0202-2

Ⅰ. ①文… Ⅱ. ①王… Ⅲ. ①英语—翻译—研究
Ⅳ. ①H315.9

中国国家版本馆CIP数据核字(2023)第026193号

文化视角下英语翻译实践新探索

作　　者　王　瑜
责任编辑　王志标
出版发行　现代出版社
地　　址　北京市朝阳区安外安华里504号
邮　　编　100011
电　　话　010-64267325　64245264(传真)
网　　址　www.1980xd.com
电子邮箱　xiandai@ cnpitc.com.cn
印　　刷　北京四海锦诚印刷技术有限公司
版　　次　2023年2月第1版　2023年2月第1次印刷
开　　本　185 mm×260 mm　1/16
印　　张　10.75
字　　数　255千字
书　　号　ISBN 978-7-5231-0202-2
定　　价　58.00元

前　言

英语作为一门国际语言，为适应全球化发展，更好地进行国际交流，在各行各业中的运用越来越多。但是，由于不同国家文化背景的不同，导致语言使用习惯，语言思维也有较大的区别。文化与语言联系密切，在语言表达中也有融入。英语翻译并不只是简单的词语和句子翻译，也是两种文化融合和思想交流的过程。受文化差异、自然环境差异、历史背景差异的影响，英语翻译在不同国家有着不同表现。

基于此，笔者撰写了《文化视角下英语翻译实践新探索》一书，在内容编排上共设置六章，第一章阐释了英语翻译的基本理论、英语翻译中常用的技巧、英语翻译中不同元素的整合、英语翻译视角下的文化渗透；第二章是英语翻译与文化趋同的使命、英语翻译与文化趋同的融合、英语翻译中文化内涵的传递、翻译中传递文化信息的方法；第三章探讨了文化交融中异化与归化翻译的作用、文化交融中异化与归化翻译的局限、文化交融中异化与归化翻译的策略；第四章对地域文化与语言文化的翻译、色彩文化与数字文化的翻译、姓名文化与称谓文化的翻译、成语文化与谚语文化的翻译进行了全面的分析；第五章阐述了新闻与文学语体的英语翻译、公文与广告语体的英语翻译、科技与旅游语体的英语翻译、法律与财经语体的英语翻译；第六章研究了英语翻译中的跨文化意识培养、英语翻译中的跨文化交际因素、英语翻译中的跨文化语篇与转换、跨文化视角下的英语翻译策略。

全书结构科学、论述清晰，以英语翻译的基本理论为开篇，分别对文化视角下英语翻译实践与创新探索等内容进行相关分析，力求达到理论与实践相结合，让读者在学习基本方法和理论的同时，培养阅读能力，以提高英语翻译的能力、素质。

笔者在撰写本书的过程中，得到了许多专家学者的帮助和指导，在此表示诚挚的谢意。由于笔者水平有限，英语翻译研究也具有时效性，书中难免会有疏漏，还望各位专家、读者批评指正。

目 录

第一章　英语翻译理论与文化的渗透

第一节　英语翻译的基本理论解读

随着世界经济全球化的不断加深，国与国之间的交流日益频繁。翻译作为交际的媒介和信息转换的手段，其重要性也日益凸显。事实上，自翻译活动诞生以来，人们对翻译的各种研究就没有停止过。

一、英语翻译的基本内涵与分类

（一）英语翻译的基本内涵

翻译工作至今已经走过了千百年的历程，无论是在东方还是在西方，翻译工作都历史悠久。但是对于到底什么是翻译这一问题，历来都有不同见解，下面从国内和国外两个视角分析翻译的界定。

1. 国内视角翻译的内涵

（1）翻译是一种跨文化的信息交流与交换活动，其本质是传播，是传播学中的一个有特殊性质的领域。

（2）翻译是语言活动的一个重要组成部分，是指把一种语言或语言变体的内容变为另一种语言或语言变体的过程或结果，或者是把一种语言材料构成的文本用另一种语言准确而完整地再现出来。

（3）翻译是把具有某一文化背景的发送者用某种语言（文字）所表达的内容尽可能充分、有效地传达给使用另一种语言（文字）、具有另一种文化背景的接受者。

（4）翻译是将一种语言文字所蕴含的意思用另一种语言文字表达出来的文化活动。

（5）翻译是把一种语言表达的意义用另一种语言传达出来，以达到沟通思想情感、传播文化知识、促进社会文明，尤其是推动译语文化兴旺昌盛的目的。

（6）正确的翻译就是尽可能地按照中国语文的习惯，忠实地表达原文中所有的意义。

（7）好的翻译绝不是把原文硬搬过来，主要的是要传达原来文章的神韵。

（8）翻译是人类交流思想过程中沟通不同语言的桥梁，使通晓不同语言的人能够通过原文的重新表达而进行思想交流。翻译是把一种语言（即源语）的信息用另一种语言（即译语）表达出来，使译文读者能得到原文作者所表达的思想，得到与原文读者大致相同的感受。

（9）翻译是两个语言社会之间的交际过程和交际工具，它的目的是促进本语言社会的政治、经济和文化进步，它的任务是把原作中包含的现实世界的逻辑映像或艺术映像，完好无损地从一种语言移注到另一种语言中去。

2. 国外视角翻译的内涵

（1）翻译就是将一种语言换成另一种语言，并保持原文意思不变。

（2）所谓翻译，是指从语义到文体在译语中用最切近而又最自然的对等语再现源语的信息。这是国外比较有代表性的翻译定义。

（3）翻译是把第一种语言（源语）语篇所表达的东西用第二种语言（目的语）重新表达出来，尽量保持语义与语体方面的等值。

（4）翻译是一种语言（源语）的话语材料被另一种语言（目的语）中的对等的话语材料替代。翻译主要有两种存在状态：一是源语即译出语；二是目的语即译入语。

（5）通常翻译就是把一个文本的意义按原作者所意想的方式移入另一种文字。

（6）翻译是译者依靠解释所提供的目的语中的能指链替代构成源语文本的能指链的过程。此界定一反传统的“对等”角度的定义，否定了结构主义所信奉的所指与能指或自荐的对应关系，认为能指和所指是可以分裂的，符号与意义之间是不一致的，因此，文本意义具有不确定性。就此定义而言，翻译只是用一种表层结构代替另一种表层结构。

（7）在任何情况下，译文都表现为或被认为是目的语文化中的一种目的语文本，这一定义提出了目的语文化，并使翻译研究的范畴从语言层面向文化层面拓展。

（8）翻译就是用一种语言把另一种语言在内容与形式不可分割的统一中已表达出来的东西准确而完全地表达出来。

（9）翻译是把一种语言的言语产物在保持内容方面（也就是意义）不变的情况下改变为另外一种语言的言语产物的过程。

（10）翻译是一门艺术，就是用另一种语言为不同背景的读者再现作品。

无论是国外还是国内，都将翻译视作一种文字之间的转换活动。具体而言，这种转换过程主要包括三个特征：①在信息和风格上要力求使翻译作品与原语言作品等值；②这种等值应是尽可能地接近，而不是机械地生搬硬套，即一味追求形式上的对等，从而牺牲某些更重要的东西；③要注意不同体裁的作品在各个方面的诸多不同，要注意各种文体在个性上的差别。

在翻译的定义中还需注意，即在翻译这一转换过程中，译者的任务只是转换文字而不是改变其意思。翻译有两个要素，即准确性和表达性。准确性是翻译的首要条件，即译者必须谨慎地遵循原作者的意思，所选用的字词和句式结构必须如实地传达出原文的思想。表达性是为了让译文易于理解，换言之，译者必须用自己的手段尽可能地将原文的思想清楚有力地表达出来。准确性使译文的思想明确无误，而表达性则使译文生动有魅力。

（二）英语翻译的具体分类

1. 根据不同的视角分类

“翻译”这个术语是一个笼统的概念。某一方面而言，翻译包括语言和非语言符号之间的转换。而我们要讨论的翻译一般则集中在语言上，就是将某一语言活动的言语产物转换到另一种语言中去。整个翻译活动可以按照不同的处理方法把翻译分为若干类型。

（1）就翻译所使用的源出语和目的语而言，翻译可分为语内翻译、语际翻译和符际翻译。语内翻译指在同一种语言内部的不同语言变体之间进行翻译。例如，将古代汉语译为现代汉语、上海话译为普通话、四川话译为广东话等。语际翻译就是把本族语译为外族语，或将外族语译为本族语，如将汉语译为英语，或将德语译为汉语。符际翻译指各种非语言符号之间的转换，如当我们处在一个陌生的语言环境中，即使自己不懂该环境的语言，但当我们看到公路上红绿灯亮了，仍能解读出其含义。

（2）就翻译的活动方式而言，翻译可分为口译、笔译、机器翻译和网络翻译。口译多用于外交会晤、经贸谈判、学术研讨和参观游览等场合。笔译多用于公文往来、商务信息、科学著作和文学翻译等活动。机器翻译主要利用计算机和其他设备进行，人工只起辅助作用。网络翻译则是随着计算机网络的普及而发展起来的一种新兴、快捷的翻译方式，主要依靠网络进行。

（3）就翻译材料的文体而言，翻译可分为新闻文体、科技文体、应用文体、文学文体和论述文体。新闻文体包括新闻报道、电讯、新闻评论等。科技文体包括科学著作、实验报告、情报资料、设备和产品说明等。应用文体包括广告、公函、私信等。文学文体包括小说、散文、诗歌等。论述文体包括社会科学著作、演说报告等。

（4）就翻译活动的处理方式而言，翻译可分为全译、节译、摘译、编译。全译就是把原文全部照译出来，译者不得任意增删或自行改动，但必要时可加注说明或加序评论。节译就是根据原文内容把原文的全部或部分进行节缩译出，但应保持原作内容相对完整。摘译就是译者根据实际需要摘取原文的中心内容或个别章节进行翻译，内容一般是原作的核心部分或内容概要。编译就是译者在译出原文的基础上以译文为材料进行编辑加工。

2. 根据雅各布森的主张分类

美国语言学家、翻译理论家罗曼·雅各布森在《论翻译的语言学问题》[①] 中主张翻译是用另一种语言解释原文的语固符号，从语言学和符号学的角度，即按所涉及的两种代码的性质，将翻译分为语内翻译、语际翻译和符际翻译，这三种类型的翻译几乎包括了一切语言的交际活动，这种翻译分类也打破了翻译的传统框架，开拓了人们对翻译认识的视野。此后，翻译的领域作为一个概念得到了扩展，翻译方法的研究也进入了一个崭新的阶段。下面就来详细分析这三种翻译类型。

（1）语内翻译。语内翻译是用同一语言的另一符号来阐释其言语符号。换言之，语内翻译是同一语言间不同语言变体的翻译，如把用古英语写的文章译成现代英语、把用古汉语写的文言文译成现代汉语、把客家话译成普通话等。换言之，语内翻译就是把一种语言材料用同一种语言换一种说法，即重新解释一遍。语内翻译包括古代语与现代语、方言与民族共同语、方言与方言之间的转换。英语学习中解释疑难句子常常用到的意译其实也是一种语内翻译，即同一种语言内部的翻译。语内翻译不一定要指向某个预设的真理，它还可以沿着不同的路线导向不同的目的地，唯一能够确定的是，对同一文本的阐释有着共同的出发点。在某种程度上，语内翻译不需要将意指对象完整真实地显现出来，它仅是一种表现形式，体现着人类精神的相互沟通和相互阐发的过程，人类精神文化的不断创造过程使人类的文化不断地丰富起来。

（2）语际翻译。语际翻译是运用另外一门语言的符号来阐释言语符号。换言之，“语际翻译是一种语言的符号与另一种语言的符号之间的口头或笔头的转换，如英译汉、汉译英等”[②]。实际上，语际翻译也就是人们通常所指的真正意义上的翻译，也可以说是狭义的翻译。可见，语际翻译是对原文符号在另一种文化中的解读，原文中所有的符号都置身于一个宏观的文化背景中，或称“非语言符号体系”中。要想达到语际翻译层面的对等，就要对处于源语文化中的符号在目的语文化中进行正确的解读与传译。从符号学的角度而言，一个语言符号的指示意义由三种意义共同构成：语义意义、句法意义和语用意义。如何正确地传达出这三种意义便是实现语际翻译的重点所在。

（3）符际翻译。符际翻译就是运用非言语符号系统来阐释言语符号。换言之，符际翻

---

① 原文为俄裔美籍形式主义语言学家、翻译理论家罗曼·雅各布森（Roman Jakobson）的。在本文中，雅各布森基于符号学理论做出了对翻译的三个分类，并从语言学层面阐述了翻译的原理、方法，是20世纪翻译演讲早期的理论作品，具有重要意义。

② 曹文娟，张婷．英语翻译教程［M］．长春：吉林人民出版社，2019：6.

译是语言与非语言符号或非语言符号间的翻译，如语言与手势语间的翻译，英语与计算机代码间的翻译，数学符号、音乐符号、美术符号、手势语与旗语间的翻译等都属于符际翻译。符际翻译作为“针对语言和非语言信息进行综合处理的翻译手段，在文化传播和交际层面上更加适合现今大量种类繁多的非语言交流和传播活动”①。

一般而言，掌握的符号越多，符号之间的翻译能力越强，感觉世界的能力也就越强。符际翻译是指原文符号在非言语层面上的解读，它并不传递原文的意义，而是传递对语文的直接感觉，是对作为基于图像符号意义本身特性的翻译。具体而言，符际翻译对等表明了原文与译文的一些相关的物理特征。英汉差异使译文在长度、标点符号使用上难以达到对等，但在符际层面上至少要达到外观结构上的大致对等。

3. 根据卡特福德的观点分类

卡特福德的英语分类是根据翻译的范围、层次和等级对翻译进行了分类，具体如下：

（1）依据翻译的范围分类。依据翻译的范围可将其分为全文翻译和部分翻译。全文翻译是指源语文本的每一部分都要用译语文本的材料来替代。部分翻译是指源语文本的某一部分或某些部分是未翻译的，只需把它们简单移植到译语文本中即可。部分翻译并非节译，而是某些词因为种种原因不可译或不译，只能原封不动地搬入译文。

（2）依据翻译的层次分类。依据翻译的层次分类即按语法、词汇、语音、词形等进行分类，翻译可分为完全翻译和有限翻译。完全翻译是指源语的语法和词汇被等值的译语的语法和词汇所替换，有限翻译则是指源语的文本材料仅在一个层次上被等值的译语文本材料所替换。

（3）依据语言的等级分类。依据语言的等级分类即按词素、词、短语或意群、分句或句子进行分类，可将翻译分为逐词翻译、直译和意译。逐词翻译是建立在单词级上的等值关系，意译是不受限制，可以在上下级之间变动，总是趋于向较高级的等级变动，甚至超过句子的层次，直译则是介于逐词翻译和意译之间的翻译。

二、英语翻译的主要原则与问题

（一）英语翻译的主要原则

1. 英语翻译原则的内容

翻译所遵循的基本原则，是翻译实践的准绳和衡量译文优劣的尺度。国内外对翻译标准的讨论一直都没有停止过，正是在对翻译标准的讨论中，翻译理论的研究才得到不断发

① 魏姝．国内符际翻译研究透视［J］．北京邮电大学学报（社会科学版），2013，15（5）：93.

展和完善。因此，我们借用前人的研究成果来指导翻译的实践，在翻译实践过程中，应遵守两个翻译的基本原则，即忠实和通顺。忠实指正确地理解和表达原文的思想；通顺指译文文字流畅地道。忠实指译文要准确地表达出原文的思想、内容和文体风格，要再现原文的特色。翻译不是译者的独立创作，而是把原作品用另一种语言表达出来，译者不得对原文进行任何篡改、歪曲、遗漏或任意增删，如果译文与原作不符，那就不能称为翻译。对译者而言，要实现译文忠实于原作，必须要对原文有正确的理解，并且吃透原文的词义、语法关系和逻辑关系。所谓通顺，指译文语言通顺易懂、自然流畅，符合译文语言的表达习惯，没有文理不通等现象。

综上所述，翻译离不开“忠实、通顺”这两条目前翻译界公认的原则。实际上，忠实和通顺相辅相成。忠实而不通顺，读者就会看不懂译文，失去了翻译的意义。通顺而不忠实，就脱离了原文的内容和风格。

2. 英语翻译原则的要求

（1）对于学生的要求。翻译教学涉及两种相互联系又各有目的的教学模式，即教学翻译和翻译教学。根据我国目前的实际情况和社会需要，在我国现行的外语教学中，无论是非外语专业还是外语专业，教学翻译和翻译教学这两种教学模式是不能脱离出来的，它们是相辅相成的。

我国各级英语教学中对翻译的基本教学要求正是从翻译的基本原则出发而制定的。从我国英语专业和非英语专业英语教学大纲中，甚至在各级英语过级考试中，可以看出翻译的“忠实、通顺”原则始终贯穿英语教学。

第一，高校英语专业。我国高等院校英语专业对翻译的教学要求是分级的，如下所列：①入学要求。能将内容不超过高三课文难度的短语和句子翻译成汉语，要求理解正确、语言通顺。②二级。能独立完成课程中的各种翻译练习，要求理解准确、语言通顺。③四级。能独立完成课程中的各种翻译练习，要求译文忠实于原文、表达流畅。④六级。初步了解翻译基础理论和英、汉两种语言的异同，并掌握常用的翻译技巧，能将中等难度的英语篇章或段落译成汉语。译文忠实原文、语言通顺，速度为每小时250~300个英文单词；能将中等难度的汉语篇章或段落译成英语，速度和译文要求与英译汉相同。能担任外宾日常生活的口译。⑤八级。能运用翻译的理论和技巧，将英、美报刊上的文章以及文学原著译成汉语，或将我国报纸、杂志上的文章和一般文学作品译成英语，速度为每小时250~300个英文单词。译文忠实原文、语言流畅。能担任一般外事活动的口译。

第二，高校英语专业四、八级考试。高等院校英语专业四级、八级考试对翻译的测试要求如下所列：①汉译英项目。要求应试者运用汉译英的理论和技巧，翻译我国报纸杂志上的论述文和国情介绍，以及一般文学作品的节录。速度为每小时250~300字。译文忠实原意，语言通顺。②英译汉项目。要求应试者运用英译汉的理论和技巧，翻译英、美报纸杂志上有关政治、经济、历史、文化等方面的论述文以及文学原著的节录。速度为每小时250~300个英文单词。译文忠实原意，语言流畅。

第三，高校非英语专业英语教学。我国高等院校非英语专业大学英语教学对翻译的教学要求也是分级的。由于大学英语教学分为基础阶段（一至二年级）和应用提高阶段（三至四年级），全国高等院校非英语专业英语教学大纲对翻译的教学要求分为四个阶段。①基础阶段对翻译的基本要求（达到四级）。能借助词典将难度略低于课文的英语短文译成汉语，理解正确，译文达意，译速为每小时300个英语单词。能借助词典将内容熟悉的汉语文字材料译成英语，译文达意，无重大语言错误，译速为每小时250个英语单词。②基础阶段对翻译的较高要求（达到六级）。能借助词典将难度略低于课文的英语短文译成汉语，理解正确，译文达意，译速为每小时350个英语单词。能借助词典将内容熟悉的汉语文字材料译成英语，译文达意，无重大语言错误，译速为每小时300个英语单词。③应用提高阶段的专业英语对翻译的教学要求。能借助词典将有关专业的英语文章译成汉语，理解正确，译文达意，译速为每小时350个英语单词。能借助词典将内容熟悉的有关专业的汉语文字材料译成英语，译文达意，无重大语言错误，译速为每小时300~350个英语单词。④应用提高阶段的高级英语对翻译的教学要求。能借助词典将有一定难度的英语文章译成汉语，理解正确，译文达意，语言通顺，译速为每小时400个英语单词。能借助词典将题材熟悉的汉语文章译成英语，内容完整，译文达意，语言通顺，译速为每小时350个英语单词。英语自学考试大纲对翻译的基本要求是能将阅读的材料译成汉语，译文基本正确，文字通顺，笔译速度达到每小时300个英语单词。能把结构不太复杂、由常用词构成的汉语句子译成英语，译文基本正确。

忠实和通顺是翻译实践中必须遵守的原则。必须不断提高英汉两种语言的水平，掌握丰富的知识，熟悉英汉两个民族国家的社会风俗，了解他们的经济、历史、文化等各方面的情况，并且还要掌握一定的翻译方法和技巧。

（2）对于翻译工作者的要求。

第一，翻译人员应具备良好的知识水平。具备包括扎实的汉语和英语功底在内的基础知识和专业知识，是翻译工作对译者的基本要求，通晓和掌握汉语与英语的基础知识是从事英汉互译的起码条件。专门知识对译者而言也是很重要的。

第二，译者还须具备包括自然科学和社会科学在内的百科知识体系，这类知识体系并无固定的专业范围。另外，译者还须了解有关国家历史、民族心理、文化传统等各个方面的基本情况。

第三，译者应力戒在两种语言转换过程中的狭隘对等意识。固然，在翻译过程中，两种语言的确存在对等现象。但由于各个民族在自然环境、历史传统、风俗习惯、民族心理和文化传统等方面存在着巨大差异，因此这种差异必然会体现在语言上，即两个国家必然会采用不同的词语或表达方式来描述同一事物或现象。如果一味地追求对等，必然导致读者对译文困惑难懂，无法理解。

第四，译者应具有爱国主义意识。根据我国的国情，选择好的作品进行译介，运用正确的立场、观点和方法来分析研究和深入理解原作的内容。另外，译者还应本着让世界各国人民了解中国的原则，积极对外宣传我们国家，宣传我国的社会主义建设成就，宣传社会主义道德、风尚和文化，积极推动对外交流，促进中国人民同世界各国人民之间的友谊。

（二）英语翻译的有关问题

1. 译入语与源语的问题

关于译文，部分人主张译文应靠近原文，因为语言反映文化，原文中的语言特色即便不是作者风格的体现，也有必要在译文中表现出来，因为原文语言特色反映原文所在文化的特色，译者有必要将这种特色介绍过来。应该相信译文读者有解读原文语言形式的能力，靠近原文的译法把读者拉到源语中，是文化交流的重要内容。语言形式不应该拿来当作文化介绍的工具，因为除了用靠近源语的译法翻译以反映原文表达的文化特点，以供学术研究所用等特殊目的，大多数情况下译者翻译的任务还是以传达信息为主。介绍源语文化不应该以牺牲译入语表达习惯为代价，因为靠近源语的译法总是会生成很多不符合译入语习惯的句子，真正想通过语言了解外国文化的话，有必要鼓励读者学外语、读原文，因此翻译的基本方法应该主要是向译入语靠拢，尽量地发挥译入语的优势。

2. 功能对等与形式对应的问题

功能对等与形式对应是翻译理论研究中一对很重要的概念。所谓功能对等就是指译文要在语言的功能上和原文对等，而不是在语言的形式上和原文对应。形式的对应是机械的，表面上看和原文相同，但由于语言系统不同，相同的语言形式并不一定能起到相同的效果。例如，“He is the last person I will ask for help.”这句可以译成“他是我会要求帮助的最后一个人”，以求形式上与原文对应。但实际意思是“我是不会求他的”。后面的译法在语言形式上完全和原文不同，但却在语言的功能上和原句对等。

根据功能对等与形式对应理论，功能对等是以读者的心理反应为基础的，也就是说原文读者读原文取得的心理反应和译文读者读译文的心理反应相似。功能对等理论有很多优点，最主要的就是有利于信息的交流。用功能对等法译出的句子符合译入语行文的习惯，没有翻译腔。反之，功能对等太灵活，会漏掉或歪曲原文中的信息。虽然功能对等和意译、形式对应和直译在概念上不同，但它们实际上都是从不同的概念出发，殊途同归，引出了跨语言交流中的问题所在。

3. 原文形式与相关内容的问题

形式和内容之争是文学批评领域的主要焦点，在跨语言交流中就显得更加突出。大部分情况下原文语言形式不是译者要传译的，英汉两种语言在语言形式上截然不同，所以在翻译上不必去反映原文的形式，只要将原文的内容译出来就可以。作家的艺术特征是由语言形式来反映的，形式就变得很重要了，这种情况下就有必要在反映内容的同时也照顾到语言的形式。

但需要注意的是，在翻译过程中译者面临的最大的障碍是来自原文的语言形式，过于强调形式的译法往往使译文缺乏可读性。所以，尽管在个别情况下有必要在译文中反映原文中有特殊意义的形式，但在翻译过程中总的策略应该偏重内容。

4. 原作者与读者中心的问题

如果译文以原作者为中心，则可能反映出原文的一些行文特色；如果译文以读者为中心，则可能发挥译入语的优势。原则上而言，不应以原作者为中心，但这也要看原作者是否重要。一个会议记录的作者和一个获奖文学作品的作者就不能说同样重要。大部分作者都应“隐藏”在文本背后，不应在文本中显露出来。有些文本则可能是阅读作品，读者马上就会感到与众不同，遣词造句甚至布局谋篇都有原作者留下的痕迹。因此，一般译者除了翻译原文的内容外，也有必要使译文也能文如其人。而大部分西方翻译家都认为在译文中保留原文的语言形式是使译文文如其人的方法。但也有人认为相对等的语言形式在译文中不一定起到同样的效果，而主张用符合译入语的相似的语言形式来达到文如其人的效果。如果这样做不到的话，也就只好把它归入翻译的不可译性。我们并不绝对排除有时以原作者为中心会是译者所应采取的方法。但这种译法所占的比例是相当小的。翻译的总原则是以读者为中心，这一点在英汉翻译中尤为突出。

5. 原作与译者的翻译联系

写作一般都有目的，不论是原作者还是译者总是为了某一目的而动笔的。对多数情况而言，原作者的目的和译者的目的基本一致。例如，用英文写一个电脑操作过程，是为了让顾客了解如何操作电脑，翻译这个操作过程的译者，也是为了让不懂原文的顾客了解如何操作电脑，所以原作者和译者目的相同，都是要将信息准确地传达给读者。例如，一则服装广告的作者希望用广告影响顾客的行为，看了广告后的顾客会花钱买产品；一个译者翻译同一则广告的目的也是为了影响顾客，促进消费；一份经济合同的作者希望合同能成为某项经济活动的基础，翻译这个合同的人也希望不懂原文的人能看懂原文的内容，以便使合同中的经济活动可以展开。

因此，大部分翻译工作的目的和原文写作的目的相同，这些文本有一个特性，即都是为一个非常实用的目的而写，翻译的目的也十分实用。但不是所有翻译的目的都和原作目的相同。诗人写一首诗可能是为了表达自己的情感，译者将诗直译成中文，以便进行英汉语言对比，译者的目的就和原作者不一样，这就引出不同目的、不同读者和不同译文的问题。由于译者的目的和服务对象会和原文的目的和对象不同，所以，同一个原文有几个不同的译文是完全正常的，如一首英文诗可译成五言诗，供喜爱唐诗的人欣赏；也可译成词曲，供喜爱词曲的人欣赏；更可译成现代诗，供喜欢白话诗的人欣赏。译者服务对象不同、目的不同，译文也可以迥异。

但也有不同意上面的看法，部分人认为原作只有一个，译文也只应该是一个，不应该千面千腔，最终在译文中找不到原作的影子，因此，此处需要说明，翻译毕竟有其局限性，很多文化内涵强的作品一旦完成，就很难恢复其原貌，因为时过境迁，作品依旧，但作品存在的环境变化了。同一语言文化亦如此，何况跨语言文化的翻译。因此，翻译文化内涵强的作品从来都有侧重，因为译者服务的对象不同，翻译的目的不同。

三、英语翻译的特征与三大阶段

（一）英语翻译的主要特征

1. 循序渐进特征

翻译能力的提高不可能一蹴而就，而是要经历一个过程。翻译教学也不能操之过急，应遵循由浅入深、循序渐进的规律，所选的语篇练习也应该是先易后难，逐步帮助学生提高翻译能力。从篇章的内容来看，应该是从学生最熟悉的内容开始；从题材来看，应该从学生最了解的题材入手；从原文语言本身来看，应该是从浅显渐渐到难，这样由浅入深，学生们对翻译会越来越有信心，兴趣也会逐渐增强，翻译技能也会相应得到提高。

2. 题材丰富特征

当今社会迫切需要实用型、综合型的翻译人才。因此，翻译练习的材料应该做到多样化和系统化，这样才能更好地满足社会对翻译人才的需求。教师在教学过程中要遵循题材丰富原则，让学生接触不同的文体，进行有针对性的训练。具体而言，翻译的文体应该涵盖各种实用文体，如广告、法律、文学等。此外，教师需要注意，每一种文体的练习都不是孤立进行的，教师可以将学生翻译中的常见问题进行归纳与总结，如果某类翻译问题在某种文体练习中出现得比较多，那么教师要即时进行解决，帮助学生更顺利地进行翻译训练。

3. 学以致用特征

学习翻译是为了将来进行交际，所以在翻译教学中教师要遵循学以致用原则，尽可能地为学生创造实践机会，如安排学生到翻译公司参与实际的翻译工作。翻译的好坏最终取决于译文读者的反馈，译作能否被接受要看是否符合客户的需求。这就决定了翻译教学不是封闭的，而是一门实践性很强的课程。因此，学生在正式从事翻译工作之前，进行一定的社会实践锻炼是非常有必要的，这有利于他们在毕业之后快速融入社会环境，更好地投入工作。

4. 注重文化特征

外语学习本身是一种跨文化交际活动，翻译学习也是如此，它要求学生应该了解不同文化背景国家的思维习惯、风土人情等。因此，在多元文化下的翻译教学过程中，教师应该时刻谨记这一原则，并努力将学生置于文化语境中，重点培养学生的文化信息转换能力。

（二）英语翻译的三大阶段

1. 理解阶段

正确理解是准确翻译的关键环节，也是表达的前提，它是指在阅读原文的同时，译者需要对原文表达的内容进行深入思考，这是一个认识、掌握原文内容、表达的情感以及行文风格的过程。

理解，也可以被视为源语解码的过程，为使解码更加准确，译者需要了解源语的文化背景以及表达习惯，在此基础上对原文进行的阐释，才能全面获取原文信息，译者对原文的理解才能够更加透彻。理解不仅包含对原文信息的获取，还包括了解特定词汇在不同上下文中表达的不同含义，译者对于句法结构以及惯用的表达方式也要有深入了解。

（1）理解英语原文词汇的含义。汉英翻译的过程需要以词汇的理解为开端，逐步扩展到对短语、句子、段落以及整个篇幅的理解。

第一，合格的译者应该从了解原文词汇开始，准确把握词汇含义是翻译的基础。由于汉语和英语在词汇含义上的差异，有时英语中的一个单词，能够表达汉语中两个词语的含义；有时同一个汉语词语，由于其含义的不同，根据不同情况需要被翻译成不同的英语单词。因此，在翻译过程中，应该结合词汇的具体含义进行翻译，切忌望文生义。

第二，在理解表层含义的基础上，译者要充分结合上下文语境，了解词语的深层含义。对原文的理解，不应仅局限于字面意义，还要深入挖掘字里行间的隐含义，同时需要以合适的方式进行表达。在翻译过程中，译者应该充分把握语篇的语境。语境对于语篇含义理解的作用体现在五个方面：①使含义单一化；②有助于含义具体化；③给词语赋予修辞意义；④使词语、短语或句子具有临时含义；⑤给词语赋予社会文化含义。

（2）理解英语原文语法的结构。在进行汉英互译时，译者不仅要了解两种语言语篇的含义，还应该掌握英语和汉语语法的差异，以提高译文的质量及译者的翻译水平。

第一，掌握汉英两种语言的句法结构，明确二者在结构方面的区别。英语句子的构成一般采用“形合法”，其主要特点在于三个方面：①结构紧凑严密；②重视结构的稳定；③句子形式多样。但都是由主语以及谓语搭配作为句子的主要架构，具体可划分为六种句型。相对于英语的句子结构，汉语的结构更为复杂，其句子构成采用“意合法”，即以表达含义为主要目的，结构简洁清晰。在翻译过程中，译者对于这两种句子的处理方式也有所不同。汉译英时，译者在确定汉语句子含义之后，才能对句法结构进行解析。反之，对英语句子的处理遵循相反顺序，在对句法结构进行解析的基础上，才能理解句子的含义。

第二，在汉英翻译时，不仅要注重两种语言句法的差异，还应注意翻译过程中的句法转换。一般而言，两种语言在主谓语的搭配方面并无较大差异，但需要注意的是，汉语中流水句居多，而英语句子遵循严格的主谓搭配，一个句子中只有一个主谓，其他成分则通过非谓语动词的方式呈现。因此，在汉译英的过程中，译者需要对句子的成分进行重组，需要考虑译文的主语在英语中如何与谓语搭配。结合上文对两种语言句子结构的分析，在进行两种句子的互译时，译者应充分运用句子结构的特点，在英译汉时，应采用形合变为意合的方式；在汉译英时，应该采用意合变为形合的方式。

第三，词的形态也是译者在翻译过程中关注的重点。这主要源于汉语与英语中词汇存在形态方面的差异。英语词语有形态上的变化，而汉语没有，它们的词类区分以及不同词类的使用频率也存在较大差异，如英语中使用介词和名词较多，汉语则较多使用动词。因此，在进行汉英互译时，不能严格按照原文的词性进行翻译，要结合目的语的特点，灵活变换词类，以使翻译出来的句子更加符合目的语的语言特点。

（3）理解英语原文的逻辑关系。分析原文的逻辑关系以及情感意义对于理解原文具有重要作用。由于每个人的思维方式有所差异，不同语言的逻辑也会不同。译者必须秉承严谨的态度，结合具体语境，对原文的逻辑关系进行深入把握，深入理解原文的语言风格，在充分尊重原文的逻辑和内容的基础上进行翻译。另外，译者也需要理解原文的情感意义，即原文作者的情感以及态度的联想含义。译者应该注重对译文细节的把握，力求在译文中能够保持原文的情感和态度。因此，只有译者充分理解了原文的语义，才能通过合适的选词以及句子结构将原文情感恰如其分地表达出来。

另外，译者还应该注意汉语英语中修辞的差异，以避免因修辞使语段产生逻辑矛盾。语段是介于语篇和句子的语义单位，有时它是一个句群，有时它只是一个句子。有时根据实际情况的需要，汉语原文要采用多种修辞方法以使表达更加生动形象。按照汉语的表达习惯，这些修辞的使用合乎逻辑，但在翻译成英语的过程中，译者要考量这些修辞手段是否在英文中也同样适用，是否会产生逻辑混乱。

2. 表达阶段

理解与表达是两个不同的阶段，在英语翻译过程中发挥着不同的作用，但两者是相互联系、密不可分的。理解讲求准确，表达讲求充分，表达需要以理解为基础，只有通过表达，才能使对原文的理解更加深入，两者是相辅相成、相互促进的。

表达的充分体现在译者能够将原文的内容、表达的情感以及作品的风格淋漓尽致地展现出来，这考验着译者对目的语的掌控能力。译者在表达过程中，应掌握好表达的“度”，既要避免过分表达，也要避免欠充分表达。过分表达，即在翻译过程中，不顾原文本意，按照译者的理解任意翻译。欠充分表达，即不尊重原文本意，任意删减。表达的效果主要由两个方面决定：一是译者对原文含义的理解程度；二是语言的修养程度。对原文含义的深入理解是充分表达的前提，但正确理解并不代表能够正确表达。由于不同语言在表达方式、语法、句式等多方面存在差异，因此，在翻译时必须结合语言特点，采用不同方法，灵活处理。

3. 校核阶段

校核工作具体分为两部分：一是核实原文内容；二是再次对译文进行推敲。校核是翻译的最后一个程序，也是对前两个阶段的深化，是非常重要的环节。校核不是粗略看一遍原文，改正明显错误，而是对译文再一次加工的过程。好的译文就像精美的艺术品，需要精雕细琢才能完成。校核前的译文，可能存在严重的错误，需要修改和完善。因此，译者需要充分认识到校核工作的重要性，认真对待该环节。

校核是对译文的检查，主要需要完成两项工作：一是查缺补漏，即在翻译过程中是否有遗漏之处；二是检查译文是否有错误，如数据、时间等关键信息的翻译是否正确，同时，还要检查是否存在由于疏忽产生的“低级”错误。

校核阶段应该注重五类内容：①关键性信息是否正确翻译，如地理位置、人名、地名以及数字等。②疑问的内容、重要词语是否翻译正确。③发现并纠正错译的内容，对于翻译不妥的内容，应该进一步修饰。④争取译文中不存在晦涩难懂的词汇，译文的段落标记以及标点的使用应该准确无误。⑤一般情况下，应该校核两遍。先重点校核内容，第二遍校核偏重文字润色。如果时间充裕，应该再对照原文，将译文通读一遍，进行最后的检查和修改，将所有问题都解决后，译文才能够定稿。

总而言之，理解、表达和校核是翻译的三个关键阶段，三者缺一不可，并且彼此紧密联系。理解是表达的前提，理解的准确与否对表达效果的优劣有直接影响，因此，译者只有对文化背景有一定了解，才能更好理解原文。表达是决定翻译质量的关键因素，不仅要保留原文的原貌，包括含义、风格等，还要与译语的表达习惯相契合，对译者的能力提出了较高要求。校核环节在翻译的过程中发挥着把关的作用，即使译者的能力再强，对原文的理解再透彻，表达得再恰到好处，也不可避免地会出现疏漏，任何一部好的翻译作品都要经过译者多次的校对和润色。因此，理解、表达以及校核各司其职，在翻译过程中均发挥着重要的作用。

第二节　英语翻译中常用的技巧分析

英语作为国际通用语言之一，在国家交流与合作中发挥着关键的作用，因此，英语翻译的重要性也不容忽视。英语翻译与翻译技巧两者相辅相成、密不可分，加强对英语翻译能力的培养和技巧的学习，可以最大限度地为功能翻译理论的发展注入新动力。

一、英语翻译的基本技巧

“翻译的技巧实际就是变通的技巧。源语和译入语差别如此之大，不变通无法进行翻译”①。鉴于此，出现了一系列可以帮助译者完成翻译任务的具体方法，这些方法表面上看只是示人以路径的操作技能，但每一个技巧后面都有其存在的语言文化基础。下面是套用简单的数学公式描写的翻译技巧，具体如下：

第一，加词 2+1=2（加词不加意）。

第二，减词 2−1=2（减词不减意）。

第三，换词 2+2=3+1（变换符号不变换意思）。

第四，移词 1+2=2+1（前后移位）。

第五，分译 4=2+2（一分为二）。

第六，合译 2+2=4（合二为一）。

第七，深化 1∶2=2∶4（具体化）。

---

① 曹文娟，张婷．英语翻译教程［M］．长春：吉林人民出版社，2019：44.

第八，浅化 2∶4＝1∶2（抽象化）。

第九，等化 2+2＝2×2（寻求灵活对等）。

第十，一分为四 4＝1+1+1+1（如莎士比亚戏剧中的 woe 译成悲欢离合）。

第十一，合四为一 1+1+1+1＝4（如鲁迅的“管它冬夏与春秋”译成 I do not care what season it is.）。

在这些公式里，各种各样的翻译手段都用数学公式表达出来，看起来就清楚易懂。例如，我们最常用的加词法用 2+1＝2 的公式表示，虽然在译文中加了 1，但实际价值不变，仍然是 2；如同样常用的切分断句法在公式中用 4＝2+2，简明易懂。

有时用新的角度看老问题会创出新意，展现新成果。技巧这类变通的手段是为克服跨文化障碍创造出来的。翻译中的障碍大多来自词性、词的语义结构和句法结构等方面的差异。所以，这些技巧和手段的作用点也常常是词性、语义结构、句法结构。常用的技巧种类繁多，但主要包括词性转换法、加减重复法、反面着笔法、分合移位法以及专门针对句型结构的方法，如定语从句的译法、状语从句的译法、被动句的译法等，这些都是用在表达阶段的方法。另外，在理解阶段如何厘清短语中词之间的关系也是至关重要的。关于翻译技巧，常见内容如下。

（一）翻译技巧——解包袱

词与词之间的关系有时一目了然，如“漂亮的衣服”，“漂亮的”和“衣服”之间的修饰关系。英文也是如此，“wonderful books”中两个词修饰与被修饰的关系也很清楚，这是因为中文里的“的”字给了读者明确的指示，说明了形容词和后面名词的关系；同理，英文以“ful”结尾的形容词也是一个标记，指示英文中这两个词之间的关系，但不是每个词语都是这样明显。

在实际语言中，各类词之间都有复杂的关系。译者在使用各种翻译技巧前，有必要先将这些缠在一起的关系像解包袱一样解开，然后理顺，这样读者就可以不背这个包袱，这就是“解包袱法”。但需要注意的是，理解时译者必须解开包袱，表达时并不排除“意见领袖”那种译法。

例如，We want to buy quality steel. 译为：我们要买高质量的钢材。

本句中 quality 和 steel 之间的关系实际上与形容词和名词的关系类似，而且 quality 中实际有 high 的意思在内。形容词修饰名词我们接触得较多，但也常常看到名词+名词这种修饰关系，这时两个词之间的关系就可能会比较复杂，译者有必要根据语境仔细分析，不能千篇一律地用一种关系解释所有名词+名词的关系。

解包袱法能将捆在一起的词与词间的语义关系解开，把隐藏的词和词间的连接方式暴露出来。但是，解开的包袱并非一定要照解开时的样子搬到译入语中。换言之，通过解包袱法分析后的原文完全可能太具体，因为我们在理解时，正是通过加进一些词才将不明确的关系说清楚的。所以我们解开包袱后有时会发现，包袱不解开，译文读者也能理解，于是就决定把包袱重新包起来，照原样放到译入语中。在目前这个追求效率、追求简洁的时代里，这种将包袱原封不动地搬到译入语中的方法也许无法避免。其实不解包袱并非总是没有益处。照原样复原就可以让读者按原文的思路思考，而且在科技等文本中似乎有必要将不解开的整个包袱当成一个符号对待，解释了反而不利于标准化。从更深层的角度来考虑，语言本身就是“暴虐”的，人的思想正是由语言这个媒介被硬性地包装起来的。只要我们用语言，意义就不可免地要走样，只是程度不同而已。当原封不动的译法影响读者理解译文时，解开的包袱就不应该重新包起来。

（二）翻译技巧——词性转换

词性转换是最常用的方式。学英语时教师总是告诉学生“词性”这一概念，所以在我们头脑里，名词、动词、形容词、副词、介词、连接词、代词等词类分得清清楚楚，但强调词性概念在翻译时就可能成为译者的障碍。因为，词性概念都是建立在语言的表层结构上，而恰恰在表层结构上英汉两种语言差别很大。在英语里可以用一个名词表达的概念，汉语也许可用一个动词。一个汉语里的副词，在用英语表达时可能转换成形容词。这类例子比比皆是。词性转换这个手段是以词为对象的变通手段，但其作用所及已不仅仅是词。短语间词与词的关系的调整，句型的转换，都可能要同时用到词性转换法。

词性转换几乎可以在所有词性间进行，如名词转换成动词、动词转换成名词、介词转换成动词、副词转换成动词、名词转换成形容词等，都是常用的。

一句翻译不下去的话，一经转换便可解决，词性本身是障碍，翻译时不能死盯着原文的词性。但是多年来，强调转换“利”的一面，却很少关注转换“弊”的一面，对于可以转换讲得多，对于不该转换讲得少，甚至是基本没讲。所以就必须对转换这类技巧，给予新的解释，赋予新的内容，再提出更完整的技巧“适应性”。下面用认知语言学领域的进展，对词性转换这一技巧做些补充。例如：

She sings beautifully.（她唱得很好。）

The beauty of her singing.（她的歌声之美。）

Her singing is beautiful.（她的歌声很美。）

Her beautiful singing.（她美丽的歌声。）

这四组表达法的语法结构虽然不同，但词之间的深层关系是一样的，所以，仅就文字的基本意思而言，这四句所表达的事件是一样的，其目的是要给译者一个理论基础，使他们在翻译时不被词性束缚，大胆地灵活处理。

文字的意思有时不仅靠基本语义表达，一些附加的信息很可能通过语言的其他手段表达出来。换言之，语义相同但词性不同很可能传达的信息并不完全一样。有些认知语言学家的研究很值得注意，如名词、动词、副词、形容词等语言范畴不仅是只有形式属性的，语法范畴也承载意义。可以用下面这两个表达法来解释名词和动词之间的差别。例如：

The Boston bridge collapsed.（波士顿大桥倒塌了。）

The collapse of the Boston Bridge.（波士顿大桥的倒塌。）

就语义而言，这两个表达法说的是一回事，但在认知语言学家的眼里，却有所不同。第一句中的 collapsed 是动词，而由动作表达的事件往往更容易给人一种延续感，好像事件在眼前展开，好像看到桥在倒下去，好像演电影一样。所以这种由动作表达的事件是动态的，从观察者的角度，这个过程是序列扫描。第二句中的名词 collapse，显然和第一句中的 collapsed 意义完全一样，但名词却给人一种静态的感觉，一个在时间里序列展开的事件被固定成一幅不移动的画面，这种观察把它称为概括扫描。换言之，动词更凸显事件的序列关系，呈现时间过程；名词则强调其非时间性的一面，它不在你的大脑中促成序列的关系。

（三）翻译技巧——增减重复

1. 增词技巧

在翻译中，有时译者不得不在原文的基础上略有增减或故意重复某些词。因此，英汉翻译中增词法、减词法或省略法和重复法就使用得异常频繁。不过，增减重复时有一条规律：增词不增意，减词不删意。所以，在译入语中的这种增减重复主要用在两种情况，一是把不清楚的语义用更多的字讲清楚；二是在译入语中用增减重复法调整语言结构，使译文更像地道的译入语。

2. 减词技巧

减词（有时也称为省略）则恰恰相反，是把原文中有的一些词省略不用。省略或减词基本上是改善汉语行文的手段。英文中有些词在译文中不一定个个都要写出来，写了不能算错，但省略掉会使译文更简洁。英文里的不少代词、连接词在中文表达时省掉才能避免累赘。有些情况下，减词也许是因为该词的意思已经融入其他词中，不必再用一个专门的词来表达了。这种减词十分重要，英汉翻译时每个词都不放过的话，译文的可读性就会受到严重影响。

3. 重复技巧

重复法是另一个可以使用的翻译手段。作者之所以要重复，是因为行文和修辞的要求。本来可以用两个字，却用四个字；本来可以用一个成语，却偏偏用两个成语，这一类的重复是为了“雅”。但有时倒并不是为使用成语之类的“雅”词，而仅是为了满足译文行文表达的基本要求，如：“You need and deserve admiration.”可以译成：“你需要并也值得羡慕。”但如果重复 admiration，就会更通顺：“你需要让人羡慕，也值得让人羡慕。”

（四）翻译技巧——反面着笔

反面着笔有时也称正说反译或反说正译。其基本概念是原文从一个角度下笔，译文从相反的角度下笔。采取这个译法时被反面处理的可以是词、短语，甚至整个句子。有时采用这个译法是没有办法的，因为照原文角度下笔在译文中行不通。既然从正面无法翻译，所以译者掉转方向，从另一个角度下笔，便可以解决此问题。但有时采用这种方法却是译者为了行文优美，而不是不用这个反面着笔的方法译文就行不通。反面着笔的方法在实际翻译中如果用得恰到好处，会使译者绝处逢生，是英汉翻译中一个非常有用的技巧。

（五）翻译技巧——分合移位

1. 切分技巧

切分、合并与移位也是翻译中最常用的方法。切分与合并的对象可小，也可大。有时原文是一个简单句，但句中的某一个词或短语很难照原样处理，有必要将某一个单独的词拿出来，构成一个单独的从句甚至一个单独的句子，如 A naive projection of their past growth rates into the future was likely to greatly overstate their real prospects. 此句译为：若以过去的增长率来预测未来，会显得考虑欠周，因为那种预测会严重夸大未来的实际增长。本句中的 naive 只是一个形容词，修饰名词 projection。由于 projection 是一个动作，所以翻译时可以转换成动词。但 naive 如转换成副词则不一定方便。所以译者索性彻底改变了句型，一句简单句分成了两个分句。

2. 合并技巧

和切分相反，有时译者要合并语言成分，因为合在一起更符合中文的习惯，更顺畅。和切分一样，合并的可以是几个词，也可以是分句，甚至是几个句子。将几个句子合起来处理，译者的眼光实际就冲破了句子的障碍，是以语段为翻译的取舍单位。

合并也是翻译时常使用的。例如，The inauguration took place on a bright，cold，and windy day.（就职典礼那天天气晴朗，寒风凛冽。）

原文是三个形容词，但译文中却合并成了两个修饰成分。翻译时有些并列的修饰成分如无特殊意义，译者可以考虑合并，只要将原文的意思都包括进去就可以。

3. 移位技巧

将原文的语言成分前后移位在翻译中也常用。一般而言，移位最常用在一句之内的语言成分间，如把一个词或短语从前面移到后面，把一个从句从后面移到前面。如果想移动两个句子，那就要从语段的角度找依据。除非有足够的理由，一般不主张将数个句子前后移位。

（六）翻译技巧——英汉叠词对比

1. 英汉叠词的构成

（1）英语叠词的构成。英语同样也有许多叠词，它们的构成主要有以下方面：

第一，完全重叠，如 hula-hula，hubba-hubba。

第二，中间元音不同的重叠，如 fiddle-faddle，dilly-dally。

第三，首音不同的重叠，如 hokey-pokey，helter-skelter。

第四，尾音不同的重叠，如 tweedledum and tweedledee，kith and kin。

（2）汉语叠词的构成。汉语叠词的构成多种多样，其中最主要的有以下两种：单叠式和双叠式。

第一，单叠式。单叠式指的是两个相同的单词的重复，即一个单词重复使用一次。例如，走走、看看、聊聊等。单叠式与其他的词类组成的叠词词组主要有以下类型：①形容词+单叠。例如，冷飕飕、热呼呼、绿油油等。②名词+单叠。例如，泪汪汪、水灵灵、千里迢迢等。③数词+单叠。例如，一张张、一排排、一条条等。④动词+单叠。例如，笑眯眯、颤巍巍、醉醺醺等。⑤插入式单叠。插入式单叠指在单叠的两个字之间插入某个字或某些字。例如，歇一歇、掂了又掂、数了又数等。⑥间隔式单叠。间隔式单叠指单叠的两个字与其他两个不同的词间隔组成四字格。例如，忽冷忽热、有来有往、一点一滴等。⑦固定词组。步步为营、格格不入、赫赫有名等。

第二，双叠式。双叠式指的是双音词的重叠。这种叠词的构成可分为三种类：首先，个体重叠。个体重叠指的是双音词中的两个单词分别作为两个个体单位先后重叠一次。例如，前前后后、坑坑洼洼、口口声声等。其次，连体重叠。连体重叠指的是双音词作为一个整体单位重叠一次。例如，安慰安慰、开导开导、体验体验等。最后，插入式双叠。插入式双叠指的是在双叠词中间插入一词。例如，一年又一年、一周又一周等。

2. 英汉叠词的变通

（1）变通翻译的重复法。汉语中有些叠词具有较强的感情色彩，恰当使用能够形象生动地表达作者各种不同的心情与感受，英语在缺少对应叠词的情况下，最适宜用重复的方法进行翻译，以使译文取得与原文同样的修辞效果。

第一，英语以标点符号或连词连接的重复。

例如，她的爱情像一朵红红的玫瑰花。

译文：Her love is like a red, red rose.

第二，英语以介词 for、by、after、from…to、on 等连结的重复。

例如，演讲者把预先写好的讲词一字一字地读出来。

译文：The speaker delivered the speech he had written word for word.

第三，在“名词+in+and+名词+out”固定结构中名词的重复。

例如，这些科研人员年年在实验室里工作。

译文：The scientific researchers work in their laboratory year in and year out.

（2）变通翻译的头韵和尾韵法。采用头韵法或尾韵法可以在英语缺少对应叠词的情况下，最大限度地保留汉语叠词的音韵效果，使译文贴近原文。

例如，他吞吞吐吐，什么也没说出来。

译文：He hemmed and hawed, and said nothing.

（3）同义法（近义法）和反义法。

第一，同义法。在翻译汉语叠词时，恰当地使用一对英语同义词或近义词不仅能够在一定程度上弥补某些英语叠词的空缺，而且还能保留原文对仗工整、音韵优美、形象生动、感情色彩强烈等特色。

例如，苹果都是好的，用不着挑挑拣拣。

译文：All the apples are good. There's no need to pick and choose.

第二，反义法。采用一对英语反义词来翻译汉语叠词，同样可以在语义、语法、音韵效果、修辞作用等方面忠实地再现原文。

例如，他们把录音带反反复复重播，但找不到任何线索。

译文：They played the tape backwards and forwards, but could not discover any clues.

（4）固定结构和自由译法。

第一，叠词的固定结构。英语中有些固定的句型或表达法可用来翻译汉语叠词。① have+a+noun，例如，谈谈（have a talk）、看看（have a look）、试试（have a try）等。② verb+over（/up），例如，请把这些数数（Please count them over）、你考虑考虑我说的话（You think over what I said）等。③ nice+and+adjective，这种结构能够较好地再现原作者采用汉语叠词所表达的语气与感情，一般用来表达一种令人喜悦的情况。例如，这东西摸上去软软的（It feels nice and soft）、我们飞得低低的（We flew nice and low）等。

第二，叠词的自由译法。除了以上各种变通方法之外，英语在缺少对应叠词的情况下，还可采用更自由的译法，旨在揭示原语叠词的深层语义内涵，打破原语表层框架的束缚，按照译入语的表达习惯进行翻译。这样，译文虽然未能保留原文的表层含义，但在忠实原意的基础上，更加流畅自然、生动传神。

例如，他虽然是令出必行、苛求准时，但并不希望自己的谋士们唯唯诺诺。

译文：Though an exacting taskmaster who made a fetish of punctuality, he did not expect his advisers to be yes-men.

总而言之，在翻译汉语叠词时，译者应使译文在语义深层和语言表层等各个方面与原文达到对应等值。有时，在原文表达形式与译文表达形式发生矛盾时，应采用适当变通原文形式甚至改变原文形式的方法，使译文尽量符合译入语的表达习惯和原作的深层含义，达到忠实、通顺、易读、可信。汉语叠词的使用频率较高，及时总结和探索汉语叠词英译的规律和方法是搞好汉英翻译的重要一环。

（七）翻译技巧——同义重复与冗余

1. 同义重复翻译技巧

（1）英汉同义重复特点。

第一，强调有力，重点突出。同义重复的最基本的修辞作用在于能够突出重点，强调所要表达的意思，加深印象，抒发强烈的情感。同义重复作为一种积极的修辞手段有别于无意义的烦琐重复。同义重复重点突出、情意浓烈、描写细致，将其巧妙地进行运用不仅能够引起读者对重复要素的注意，更能给所要表达的语义内容增加新的色彩。英汉两种语言同义重复的使用在许多情况下存在偶合重叠现象，因此可以完全采用直译。

第二，结构工整，音韵和谐。重复手法的使用有时是为了取得结构上的工整对仗，语音上的和谐悦耳。翻译时，译者应保持或充分体现原文的结构形式美和音韵节奏旋律美，采用同样的重复手段或对仗形式，再现原文的风采。

第三，富有变化，形象生动。在许多情况下，原文采用不同的语言形式来表达同一语义内容，旨在避免千篇一律和单调乏味，同义重复使文章丰富多彩、富有变化。因此，使文章更具可读性和表现力，更能吸引读者的注意和兴趣。翻译时，译者应采用同样富有变化的同义重复手段，使译文取得同原文一样的交际效果。

第四，语气自然，贴切传神。同义重复的另一种修辞特点则是能准确传递各种语气，翻译时，译者可利用同样的重复手段使原文的语气惟妙惟肖地再现出来。

（2）英汉同义重复翻译。英汉两种语言在重复的运用方面有许多异同，在翻译的表达阶段，译者应以译入语为主，在正确理解原文的前提下，充分挖掘译入语的语言潜力，发挥译入语优势，或直译，或合译，或分译，或增补。

第一，英汉同义重复修辞的直译。直译是翻译同义重复的常用方法之一，在译语语言许可的范围内，利用直译则能原汁原味、便捷有效地保持原文的各种语义内容和修辞功能，取得内容与形式的和谐统一。

第二，英汉同义重复修辞的合译。在英语中，人们常用同义重复的成对词来达到表达明确、强调或生动的目的，但在翻译时，囿于译入语语言的表达习惯，译者往往采用合译的方法，即只保留原文语义，而不复制原文的重复形式，将原文的两个或三个同义反复的词缩合成一个词来翻译，这样可以避免文字艰涩、生硬和叠床架屋的译文出现，更符合表达简洁流畅、信息传递快捷的交际原则。

第三，英汉同义重复修辞的分译。分译指的是源语中一个词所表达的语义内容，分别用译入语的两个或两个以上的同义词或近义词来再现。源语根据其表达习惯采用了简约、压缩的表达手法是为了避免拖沓臃肿；而译入语采用了同义重复的方法是为了充分挖掘译入语的潜力，从审美的观点出发，用词的多样化更能增加表达的效果。

2. 冗余翻译技巧

在交际的过程中，如果信息发出者的语言表达冗赘，传输的冗余信息量过高，必然会产生语不中的、言不到位的结果，其索然寡味、不具吸引力的冗言赘语必然会大大降低语义的明晰度和信息传输的可接受性，使信息接受者茫然不知其所表达的意思，从而导致交际的失败；同样，如果信息发出者的语言表达过于浓缩凝练，传输的冗余信息量过低，语言单位信息负荷过重，使信息通道过于狭窄甚至不通畅，信息接受者同样也不容易理解或接受信息发出者所传输的信息内容，从而导致交际的失败。由此可见，过量或不足的冗余信息都会给交际带来负面影响。

在冗余信息的表达和处理上，英、汉两种语言表现出了诸多的异与同。英、汉两种语言作为两种不同文化的反映，体现了不同的社会意识、价值取向、历史背景、文化传统、风俗习惯等。英汉两种语言作为两种不同的人工客体，具有各自内在的规定性和内在的语言潜能，这种语言潜能的发挥体现在为实现各种功能或为产生各种效应的种种言语运用中。从冗余信息传输的角度而言，不同文化的语言运用者在不同的交际目的的支配下，在各自特定的交际情景中，充分发挥自己的语言运用能力，调动各自语言中特有的内在潜能，创造出适合于本族语接受者和特定交际目的的语言表达形式，达到理想的交际效果。

（1）冗余表达的效果。

第一，同义词（近义词）的使用。在许多情况下，冗余信息的传输是通过同义词的手段实现的，这种积极有效的冗余表达方式可以表达强烈的情感，加强或强调所要表达的语义。

第二，重复手段的运用。重复手段同样也是一种积极的传输冗余信息的修辞手法，其强调功用更明确直接，更有力有效。

第三，丰富多样。有时，在表达同一语义时，人们常使用各种不同的词语，旨在避免单调呆板的重复，使行文连贯，使语言生动活泼、富有变化，不同词语的使用传达了冗余信息，但却起到了特有的修辞效果。

第四，平衡匀称。有时，为了使句子保持均衡，避免头重脚轻，人们常常遵循冗余的原则，使用同义或近义词表达同一语义，这样可以达到结构平衡匀称、意义鲜明突出的修辞效果。

（2）冗余翻译的实际运用。

第一，冗余修辞直译。当原语作者为刻意追求某种修辞效果（如强调、生动、衔接等）而诉诸冗余原则时，译者应在深得原作意图的条件下，充分挖掘译语语言潜力，尽量采用同种冗余表达手段进行直译。这样既保留了原语语言形式，又再现了原语语义内容，可谓形、义两者兼得。

第二，冗余修辞意译。在英、汉翻译实践中，由于英汉两种语言分属两种完全不同的语系，因此，异大于同的情况偏多，英语中的浓墨重彩突出之处，在汉语中会被轻描淡写地加以“淡化”。基于英、汉冗余程度的各种不同情况，译者必须善于进行各种灵活变通，从动态对等的角度进行意译，通盘考虑文本、语用效果、可读性等各种因素。

合译的过程是由冗余程度高向冗余程度低转化的过程。原文表达丰腴细腻，译文表达简洁凝练。在英文中，两个同义词（同义词语）或成对的近义词或近义词语常被用来表达强调衔接等意思，如直译成汉语且显得拖沓、重复，因此，译者对原文词语要进行压缩处理，使其冗余程度汉译时有所降低。译者可采用合二为一的简化译法，只译其深层语义，不保留其表层的冗赘形式。

分译的过程是由冗余程度低向冗余程度高转化的过程，原文简明扼要，译文细腻缜密。分译是为了使译文表达丰腴、连贯、通顺自然，有效地传输原文语气，避免误解。

前面所述的合译和分译大多是按照原文的结构形式或句序词序进行增删，对基本句型或字面语义进行部分调整或改动。而活译则是使原文词语的字面意义和行文安排在译文中不露任何痕迹的一种翻译方法，是译者充分发挥译语潜力，深得原文神韵的通达型翻译。因此，活译是译者在深谙原文语义的前提下，对原文的冗余部分进行浓缩，遵照译语的行文要求，对译文进行深加工的过程，实为一种精妙的翻译。

（八）翻译技巧——愉悦色彩的传递与转化

1. 语域和语言的上下文

（1）语域的上下文。词语的褒贬、愉快或不愉快含义的取舍，还可根据情景上下文加以判定。例如，to drain the cup of life to the bottom（or dregs）可根据不同的情景译文具有愉快色彩的“享尽快乐”，或具有不愉快色彩的“备尝辛酸”或中性色彩的“备尝酸甜苦辣”。

同样，语域上下文对词义的理解也起至关重要的作用。在英国英语中 restroom 指的是“休息室”，表达了令人愉快的含义；而在美国英语中，restroom 和 comfort station、public convenience 一样都是表达“厕所”的委婉语，显然，其言外所指不同于英国英语中的 restroom，尽管使用的语符相同，但美国英语的 restroom 含有令人不愉快之义。而 napkin 一词既表“餐巾”，含有愉快色彩，又在英国英语中与 nappy 同义表示令人不愉快的“尿布”之意，而表达“尿布”这一语义的美国英语则为 diaper。因此，在使用类似词语时，说话者应慎之又慎，注意措辞，否则，在许多场合可能会由于词语的误用而的确令人不愉快。

（2）语言的上下文。词语搭配是基本的语言上下文，这一上下文对正确解读词语的含义起着至关重要的制约限定作用。例如，nice、good 或 fine 互为同义词，都表“美好的”“合宜的”“优良的”“令人愉快的”等含义。但当它们与一些带有不愉快色彩的词搭配使用时，常被这些词所“污染”（contaminated），因而它们由原来令人愉快的含义转化为令人不愉快的含义。

例如，I'm fine and exhausted.

译文：我很疲倦。

例如，It was good and dark in the room，and I dare not utter a sound or a word.

译文：屋子里黑乎乎的，我一声也不敢吭。

显然，在此，fine、good 和 nice 完全失去了其原有的愉快色彩，因而不能从其字面理解。实际上，它们与 and 搭配使用表达了“very”“extremely”的含义，加强了 exhausted、dead 和 dark 三词所表达的不愉快含义。

词语褒贬义（或愉快与不愉快含义）的相互转化还可从以下诸例中窥见一斑。例如，terrible、awful 或 sad 一般都表示一种令人不愉快的含义，而 triumph（胜利，成功，成就，狂喜，喜悦）一词常用来表达令人愉快的含义。

例如，What a terrible noise the children are making!

译文：这些孩子吵得多么凶！

但有时这些词不按照其通常的搭配表达贬义或褒义，而是和一些与其语义不甚吻合的词构成特殊的搭配，结果产生了愉快语义和不愉快语义之间的相互转化。例如，terribly（awfully）good（非常好；极好）、in sad earnest（认真地，一本正经地；极为严肃地）、the triumph of ugliness（丑恶无比）等。显然，这种不一样的搭配不仅使 terrible、sad、awful 等贬义词或 triumph 等褒义词的原有的不愉快或愉快之义一扫而光，并使其贬义加以扬升、其褒义加以贬降，而且还以其特殊的搭配用法吸引了读者的注意，给人一种耳目一新之感，从而实现这些词语语义在愉快和不愉快之间的相互转化，又大强调和突出了它们所修饰之词语的褒贬色彩。例如，emergency 一词常常给人一种紧迫、刻不容缓之感，因此，它传递的语义是不愉快的。又如，The failure of the city's electric power caused an emergency.（这城市电力的中断造成了紧急状态。）然而，在 emergency door（太平门）一词的搭配中，它传输的信息却是令人愉快的，给人一种舒缓安全之感。

在英语中，评注性状语或分离性状语常被用来表达说话人对事物所持的态度、看法和对某种情景事态所作的评注。“to crown（it）all”是一中性的评注性状语，在不同的语言上下文中，它既可表达说话人肯定的语气，又可表达说话人否定的语气。它有令人愉快或令人不愉快的两种完全相反的语义。因此，译者可根据上下文将其译文“更糟糕的是……”和“使人高兴的是……

例如，It rained. And we had no umbrellas. to crown all，we missed the last bus and had to walk home.

译文：下雨了，我们没有带伞；更糟糕的是，我们误了最后一班公共汽车，不得不步行回家。

2. 固定习语、反语与文化上下文

（1）固定习语。习语是一种约定俗成的表达法，其语义并不是其各个组成部分语义的总和。人们会被局限在习语个别词语表层语义的分析，而对习语整体的深层语义产生误解，在许多情况下，习语的个别词语表达的语义是令人愉快的或令人不愉快的，而习语的整体语义却与之相反。例如，“too much of a good thing”这一习语照其字面理解应是“太多的好事”，当然是令人愉快的；实际上，其深层语义为“好事过头反成坏事”，显然是令人不愉快的。同样“brave all the shame”（不顾一切体面）中的 shame 是令人不愉快的，而在译文中“体面”却是令人愉快的。例如，“face the music”一习语中的 music 会给人以愉悦的感觉，但整个习语的意思是“付出代价；受处罚；为错误行为担当责任；接受责备或批评；勇敢地面对麻烦或困难”等，总而言之，face the music 不是面对美妙的音乐，而是面对艰难险阻，接受一些令人不愉快的后果或局面。

（2）反语因素。在一定的语言环境中，反语的应用能够引起读者的注意，加深印象，增强语言的表现力和感染力，产生特殊的修辞效果。反语即说反话，因而不能从字面理解，原语表层语义表达的愉快的东西，其实质内容则为不愉快的。

例如，I had a sweet time fulfilling this difficult task.

译文：完成这项艰难的任务真够我受的了。

词语表面上传递的信息可能是不愉快的，其真正的语义可能是愉快的。

（3）文化上下文。文化上下文对词义的理解与取舍也起非常关键的作用。例如，在中国文化中，出于礼貌，人们在久别重逢后一般打招呼恭维对方都说对方长胖了等话语，语言在此所起的功能是人际交际功能或寒暄功能（phatic function），而不是语言的传递信息功能或表达功能（informative or expressive function），因此，说话者的话语不能从字面理解，翻译时也不能进行直译，应译为“How are you?”“How are you getting on?”或“How is everyting with you?”等功能译语。可见，在汉文化中，“胖”字具有正值作用或令人愉快的语用意义，直译成英语非但不能起到招呼用语的人际关系的功能，反而会使对方大为不悦，因为 fat 一词在英文化中的语义内涵是令人不愉快的。

二、直译与意译的英语翻译技巧

（一）直译英语翻译技巧

直译是指译文仍然采用原文的表现手段，句子结构和语序不做调整或不做大的调整，“它是以句子为单位，尽量保持原文的语言结构、形式以及隐喻等，有助于表现原文的形象、思维、语言趣味”①。

1. 直译翻译的特点

直译有以下翻译特点：

（1）忠于原文内容。

（2）忠于原文形式。要求在保持原文内容的前提下，力求使译文与原文在选词用字、句法结构、形象比喻及风格特征等方面尽可能趋同（无限接近）。

（3）通顺的译文形式。

2. 直译翻译的运用

（1）习语直译。

例如，crocodile tears 鳄鱼的眼泪；fish in troubled waters 浑水摸鱼；chain reaction 连锁

① 周婷. 大学英语翻译技巧与实践教程［M］. 武汉：华中科技大学出版社，2017：6.

反应；经济特区 special economic zone；绿色食品 green food。

（2）句子直译。

例如，Smashing a mirror is no way to make an ugly person beautiful，nor is it a way to make social problems evaporate.

直译：砸镜子并不能使丑八怪变漂亮，也不能使社会问题烟消云散。

总而言之，直译有其自身的优势。直译不仅能保持原作的特点，而且还可使读者逐步接受原作的文学风格，促进语言的多样性，丰富目的语的语言形式，以推动跨文化沟通与交流。

（二）意译英语翻译技巧

意译就是只保持原文内容、不保持原文形式的翻译方法。译文的语言与原文的语言在许多情况下，并不能用同样的表达形式来体现同样的内容，更谈不上产生同样的效果。

意译把忠于原文内容放在第一位，把通顺的译文形式放在第二位，要求在保持原文内容的前提下，力求使译文在选词用字、句法结构、形象比喻及风格特征等方面尽可能符合译语读者的阅读习惯和审美心理，把忠于原文形式放在第三位。

意译的功能围绕“效果”，译者可以对原文的词句顺序、逻辑关系、修辞手段等进行调整和变通，使译文地道、流畅，符合译入语读者的阅读习惯，更好地传达原文的艺术效果。

从跨文化语言交际和文化交流的角度来看，意译强调的是译语文化体系和原语文化体系的相对独立性。意译更能够体现出本族的语言特征，例如习语、诗词、成语等的翻译，常通过意译来达到“信、达、雅”。

三、减译与增译的英语翻译技巧

（一）减译的英语翻译技巧

所谓减译法，即指在翻译过程中为了使译文简明、准确，而省去一些词或短语。英汉翻译中会省略一些介词、冠词、名词和连词等，这些词在原文中是必需的，而在译文中却可有可无。

减译是翻译中一种比较常见的现象，符合语言使用的经济原则，即人们在交际中尽量使用比较少的、省力的语言单位来传达较大量的信息。

减译法是基于英汉两种语言的差别。例如，汉语并没有冠词和不定式的标记（infinitive markers），而且代词、连词以及介词在汉语中的运用频率不及英语，所以在进行英汉翻译时，有必要进行减译。总体而言，减译包括修辞方面（Rhetorical Omission）和语法方面（Grammatical Omission）两个部分。

1. 修辞方面

（1）省略重复短语或单词。

例如，Instead of one old woman knocking me about and starving me，everybody of all ages knocked me about and starved me.

译文：那时打我、让我挨饿的不只是一个老太婆，而是老老少少各式各样的人。

（2）省略不必要短语与单词。

例如，His younger sister is an actress.

译文：他妹妹是个（女）演员。

2. 语法方面

（1）形容词减译。

例如，我们对过去的历史应有所了解。

原译：We should know a little of our past history.

分析：翻译时可以省略 past。

（2）副词减译。

例如，我们一定能够达到目标。

原译：Our goal will certainly be attained.

分析：翻译时可以省略 certainly。

（3）介词减译。

例如，我们已经从其他国家有计划、有选择地进口了一些成套设备。

原译：We have imported in a planned and selective way from other countries some complete plants.

分析：翻译时可以省略 from other countries。

（4）名词减译。

例如，互相尊重的精神是我们今天文化合作的基础。

原译：The spirit of mutual respect is the basis of our cultural cooperation today.

改译：The frame work of mutual respect sustains our own cultural cooperation today.

（5）代词减译。英语代词的使用频率远远高于汉语。因此，英文汉译时往往按照汉语习惯将原文中的一些代词省略。

第一，省略作主语的人称代词。根据汉语习惯，在指代关系明确的情况下，假如前后两句主语相同，就不必重复出现。英语通常每句都有主语，因此作主语的人称代词往往多次出现，这种代词汉译时可以省略。

第二，省略物主代词。在英语句子里，物主代词出现的频率很高。如果将每个物主代词都翻译出来，那么汉语译文就显得非常啰唆，所以，在翻译的时候物主代词大多省略。

（6）动词减译。在进行翻译时，原文中有些动词在译文中可以省略。

例如，中国始终是维护世界和平与地区稳定的坚定力量。

原译：China is always a staunch force to maintain world peace and regional stability.

改译：China is always a staunch force for world peace and regional stability.

（7）冠词减译。英语中存在冠词而汉语并没有冠词，英语的冠词并不表达具体的词义，所以，英译汉时，英语的冠词常常省略。

例如，A parrot can talk like a man.

译文：鹦鹉会像人一样说话。

（8）连词减译。汉语词语之间连词用得不多，其上下逻辑关系常是暗含的，由词序来表示。英语则不然，连词用得比较多。因此，英译汉时，在很多情况下不必把连词译出来。

第一，省略并列连词。在并列连词中，比较常见的是省略 and、or、but 和 for。

第二，省略主从连词。主从连词的省略包括：省略表示原因的连词，省略表示条件的连词，省略表示时间的连词。

减译法是指原文中有些词在译文中不译出来，因为译文中虽无其词而已有其意，或者在译文中是不言而喻的。换言之，把一些可有可无的，或者有了反嫌累赘或违背译文语言习惯的词删去，从而使译文简洁，符合汉语的表达习惯。

（二）增译的英语翻译技巧

由于英汉两种语言文字之间存在巨大差异，在翻译过程中很难做到字、词、句上完全对等。因此，为了准确地传达出原文的信息，需要对译文进行增译。

所谓增译，就是在原文的基础上添加必要的单词、词组、分句或完整句，从而使译文在句法和语言形式上符合目的语的习惯，并使译文在文化背景、词语联想方面与原文保持一致，以达到译文与原文在内容、形式和精神方面对等的目的。

增译法并不意味着译者可以随心所欲地添枝加叶，而是必须遵守一条基本原则，即增加那些在句法上、语义上或修辞上必不可少的词语，也就是增加原文字面虽未出现，但却为其实际内容所包含的词语。增译法的运用主要包括意义和修辞上的增译，以及句法上的增译。

1. 意义及修辞上的增译

英汉互译时，有时有必要增加合适的动词、形容词或副词等，使译文意义明确、流畅自然。

（1）增加动词。由于意义上的需要及英汉语言上的差异，英语中重复用词的情况较少，而汉语有时为了达到一定的修辞效果，经常使用重叠句或排比句，翻译成汉语时需要在名词前增加动词。

（2）增加形容词。为使译文读起来顺畅自然、清晰达意，有时候也会根据原文的意思，在译文中增加一定的形容词。

（3）增加副词。根据原文的上下文，有些动词在一定的场合可增加适当的副词，以确切表达原意。

（4）增加表示复数的词。汉语名词的复数没有词形变化，很多情况下不必表达出来，但有时需要通过增加“们、各位、诸位”，增加数词或者特殊方式的“叠词”来表达原文的复数意义。

（5）增加表达时态的词。由于英汉语言的差异，英语动词随时态的变化而变化，而汉语动词没有词形变化，但有时为了表达需要，英汉翻译时有必要增加一些表示时态的词。

（6）增加语气词。汉语中的语气词很多，在翻译时，需要在准确理解原文意义和修辞色彩的基础上增加适当的语气词。

（7）增加量词。英语中数词与可数名词直接连用，他们之间没有量词，而汉语必须借助量词，因此，翻译时需要增加量词。

（8）增加概括词。有时候把英语翻译成汉语时，需要把句中的连词省略掉而增加概括词。

（9）增加承上启下的词。在翻译时，特别是进行语篇翻译时，更需要目的语的连贯性，以准确表达原文意义，这就需要增加适当的词以起承上启下的作用。

2. 句法上的增译

（1）增补原文句子中所省略的动词。

例如，Reading makes a full man；conference a ready man；writing an exact man.

译文：读书使人充实，讨论使人机智，写作使人准确。

（2）增补原文比较句中的省略部分。

例如，The footmen were as ready to serve her as they were their own mistress.

译文：仆人们愿意服侍她，就像愿意服侍他们的女主人一样。

由于英汉两种语言在词汇和句法等方面的差异显著，翻译时须采用各种弥合手段，其中，增译法便是行之有效的手段之一。一对一地逐词翻译会使译文生硬晦涩，甚至背离原文意思，采用增译法则可以使译文自然通畅、完整贴切。

增译法往往是译者在推敲译文或校对译文的过程中进行的，可见这类调整与译者的母语语感很有关系。从本质上而言，这是一个译文的可读性问题，其关键在于求得译文与原文在深层结构上对应，而不求双语在词语形式上机械对应。总而言之，通过增译进行翻译，既可以保证译文语法结构完整，又可以保证译文意思明确。

四、转译法与分译法的英语翻译技巧

（一）转译法的英语翻译技巧

翻译方法中的转译法也称转换法，是指在翻译过程中，由于英汉两种语言在语法和习惯表达上的差异，无法直接用汉语将英语的原意体现出来，在保证原文意思不变的情况下，译文必须将原文做相应的改变，转译法可以将英语词汇的词性转译成不同的汉语词性，还可以将英语原句转译成不同类型的汉语句子。因此，转译法在英译汉的过程中既可以是词性的转译，又可以是语态或句型的转译。

另外，转译法在词性方面，可以把名词转换为代词、形容词、动词等；把动词转换成名词、形容词、介词等；把形容词转换成副词和短语等。在句子成分方面，把主语变成状语、宾语、表语等；把谓语变成主语、定语、表语等；把定语变成状语、主语等；把宾语变成主语或其他成分。在语态方面，可以把主动语态变为被动语态，也可以把被动语态转译为主动语态。

1. 词类转译法

例如，The growing awareness by millions of Africans of their extremely poor and backward living conditions has prompted them to take resolute measures and create new ones.

原译：数以百万计的非洲人对于他们非常贫穷落后的生活条件的日益觉醒促使他们采取坚决的措施，创造新的生活条件。

改译：数以百万计的非洲人已逐渐意识到，他们的生活状况异常贫穷落后，这就促使他们奋起采取坚决的措施创造新的生活条件。

由于英汉两种语言表达方式的差异，在英译汉的过程中，有些句子可以逐词对译，有些则需要根据具体情况适时改变原文的词性，以符合译入语的表达习惯，使译文通达自然。词类转译主要涉及以下方面：

（1）动词转译。

汉语动词丰富，句子简洁明了。汉译英时，汉语的动词常可转译为名词、形容词、介词或介词短语等。

第一，动词译成名词。

例如，Formality has always characterized their relationship.

译文：他们之间的关系，有一个特点，就是以礼相待。

第二，动词译成形容词。和感官、情感及其他与精神状态相关的动词可译成“be+adj…”的结构。

例如，获悉贵国遭受海啸，我们极为关切。

译文：We are deeply concerned at the news that your country has been struck by a tsunami.

第三，动词译成介词。和汉语相比，英语里介词更多。有些英语介词由动词转化而成，因此具有动词的某些特点。

例如，这台计算机具有很高的灵敏度。

译文：The computer is of high sensitivity.

（2）名词转译。名词的转译主要涉及以下方面：

第一，名词译成动词。英语中具有动作意义的名词和由动词派生出来的名词以及某些表示身份特征或职业的名词（如 teacher、singer 等）在句中并不指身份或职业而含有较强的动作意味，英译汉时可译成动词。

例如，The sight and sound of our jet planes filled me with special longing.

译文：看到我们的喷气式飞机，听见隆隆的机声，我特别神往。

第二，名词译成形容词。

例如，Independent thinking is an absolute necessity in study.

译文：独立思考对学习是绝对必需的。

第三，名词译成副词。

例如，It is our great pleasure to note that China has made great progress in economy.

译文：我们很高兴地看到，中国的经济已经有了很大发展。

（3）形容词转译。形容词的转译主要涉及以下方面：

第一，形容词译成动词。英语中表示知觉、兴趣等心理状态的形容词，在联系动词后作表语时，可译成动词。

例如，Scientists are confident that all matter is indestructible.

译文：科学家们深信，所有物质都是不灭的。

第二，形容词译成名词。

例如，He was eloquent and elegant，but soft.

译文：他有口才，有风度，但很软弱。

第三，形容词译成副词。名词译成动词时，修饰名词的形容词可相应地译成副词。

例如，Occasionally a drizzle came down，and the intermittent flashes of lightning made us turn apprehensive glances toward Zero.

译文：偶尔下一点毛毛雨，断断续续的闪电使我们不时忧虑地朝着零区方向望去。

（4）副词词类转译。副词词类的转译主要涉及以下方面：

第一，副词译成动词。

例如，She opened the window to let fresh air in.

译文：她把窗子打开，让新鲜空气进来。

第二，副词译成形容词。

例如，The film impressed me deeply.

译文：这部电影给我留下了深刻的印象。

第三，副词译成名词。

例如，He is physically weak but mentally sound.

译文：他身体虽弱，但智力正常。

2. 句子成分转译法

除了常见的词性转换外，有时候根据需要还有必要将句子成分进行转译。所谓句子成分转换的译法，是指为了使译文通顺流畅，符合目的语的表达习惯，翻译时把句子的某一成分（如主语）译成另一成分（如宾语等）。在多数情况下，词类转译必然导致句子成分的转译，如当英语的动词转译为汉语的名词或者副词时，该动词的谓语成分就相应地转译为汉语的主语、宾语或状语等。句子成分的转译主要包括以下方面：

（1）主语转译。主语的转译主要涉及以下方面：

第一，主语转译为谓语。

例如，In recent years increasing attention had been paid to the economic benefit in the production of our factory.

译文：近年来，我厂越来越注重生产中的经济效益。

第二，主语转译为宾语。

例如，Much progress has been made in computer science in the last 20 years.

译文：计算机科学在近20年内取得了很大的进步。

第三，主语转译为状语。有时英语句子中的主语是说明行为的原因、条件、时间等，这个时候就可以考虑将主语翻译成状语（从句）。这种情况多出现在简单句中。

例如，The world has witnessed different roads to modernization.

译文：世界上已有了不同的现代化道路。

第四，主语转译为定语。如果主语和宾语之间的关系密切，或宾语本身就是主语的一部分，译成汉语时，为使译文符合汉语的表达习惯，往往把原文的主语转换为定语。

例如，The human body has a very complex organization.

译文：人体的构造非常复杂。

分析：如果翻译成“人体有一个非常复杂的构造”，虽然保留了原文相应的句子成分，但译文读起来就有翻译腔。

（2）谓语转译。谓语动词转译成名词，并且在句子中充当主语成分。

例如，Neutrons act differently from protons.

译文：中子的作用不同于质子。

（3）宾语转译。

第一，宾语转译为主语。

例如，Take it easy. A cup of hot coffee will make you feel better.

译文：放松点，你喝杯热咖啡就会感觉好些的。

第二，宾语转译为谓语。

例如，Before graduation we should make full use of the time left to arm ourselves with more knowledge.

译文：在毕业前，我们应当充分利用剩下的时间，用更多的知识来武装自己。

（4）状语转译。状语的转译主要涉及以下方面：

第一，状语转译为主语。

例如，We know that oxygen is necessary for the breathing of animals and plants and for burning.

译文：我们知道，动植物呼吸和燃烧都需要氧气。

第二，状语转译为定语。

例如，The weather is warm and sunny here.

译文：这里的气候温和，阳光充沛。

第三，状语转译为补语。

例如，Jefferson died on July 4，1826.

译文：杰斐逊死于 1826 年 7 月 4 日。

（5）定语转译。定语的转译主要涉及以下方面：

第一，定语转译为谓语。将定语转译为谓语通常是为了突出定语所表达的内容。

例如，There is a large amount of energy wasted due to friction.

译文：由于摩擦而损耗了大量的能量。

第二，定语转译为“是”的宾语。同转译为谓语的情况一样，转译为“是”的宾语也多半是为了突出其表达的内容。

例如，The earth was formed from the same kind of materials that makes up the sun.

译文：构成地球的物质与构成太阳的物质是相同的。

第三，定语转译为状语。

例如，We should have a firm grasp of the fundamentals of computer science.

译文：我们应该牢固掌握计算机科学的基本知识。

总而言之，在英译汉时，经常需要转换句子成分，从而使译文逻辑正确，通顺流畅，重点突出。句子成分转译的内容和形式都比较丰富，运用范围也相当广泛，是翻译的重要方法与技巧，读者需要掌握。

3. 语态转译法

语态是表明句子中谓语与主语之间关系的一种语法手段。相比汉语，英语中被动语态使用范围大、频率高。根据两种语言的习惯，在英汉翻译时，英语被动句大部分情况下需要进行语态转译。一般有以下转译情况。

（1）转译为主动句。英语和汉语都有被动语态，但两种文字对被动语态的运用却不尽相同。同一个意思，英语习惯用被动语态表达，汉语却往往要用主动语态。因此，在翻译英语的被动语态时，将之转译为汉语的主动句便成为常用的翻译手段。一般而言，在被动转译为主动时，可以通过以下途径进行：①原文中的主语在译文中仍然作主语；②原文中的主语在译文中作宾语；③译文“是……”的主动句；④含主语从句的被动句型译为主动句。

第一，原文中的主语在译文中仍作主语。

例如，Most of the questions have been settled satisfactorily; only a few questions of secondary importance remain to be discussed.

译文：大部分问题已经圆满地解决了，只剩下几个次要问题需要讨论。

第二，原文中的主语在译文中作宾语。

例如，It has to be pointed out that one and the same word may have different meanings in different branches of science and technique.

译文：必须指出，同一个词在不同的学科和专业中可以有不同的含义。

第三，译为“是……”的主动句。

例如，Rainbows are formed when sunlight passes through small drops of water in the sky.

译文：彩虹是阳光穿过空气中的小水滴时形成的。

第四，含主语从句的被动句型译为主动句。以 it 作形式主语的英语句子，翻译时常要转为主动形式，有时可加上“有人”“大家”“我们”等不确定主语。

例如，That she hasn't phoned is odd.

译文：她没有来电话很奇怪。

（2）转译为无主句。在翻译中，译者可以将英语被动句转换成汉语的无主语或省略主语句。此外，汉语的“执行式”（处置式）和使役“把”“将”或“使”也可以使用。

例如，The mechanical energy can be changed back into electrical energy by a generator.

译文：利用发电机，可以将机械能转变成电能。

（3）转译为因果关系的句子。by 后面如果是没有生命的事物，有时，就不是一般意义上的施予者，而是表示一个原因，翻译时可以用“由于、因此”等词带出。

例如，Do not let yourself be discouraged or embittered by smallness of the success that you are likely to achieve in trying to make life better.

译文：不要因为你为改善生活所做的努力只取得小小的成功而气馁或伤心。

在翻译时，英语被动句多数情况下应该转译成汉语的主动句，只有在特别强调被动动作或特别突出被动句时才译成汉语被动句。在实际的语段翻译中，被动语态的翻译要求对以上种种方法进行综合的、灵活的运用，这是自不待言的。要挑选一种既符合汉语习惯，又保持上下文连贯的译法。同时，既要注意语态转换的一般规则，也要注意其例外情况。

（二）分译法的英语翻译技巧

分译就是指根据汉语的句法特点，把英语的句子分解成两个或两个以上的单位，以求译文在正确传达原文的思想内容的前提下更加明确。分译通常包括单词分译、短语分译和句子分译三种情况。

1. 单词分译

单词分译是指把原文中的一个单词拆译成一个小句或者句子。采用单词分译主要有两个目的：一是为了句法上的需要；二是为了修饰上的需要。这类分译可以细分为以下五类。

（1）单词词义分译。英语有些单词的语义呈综合型，即一个词内集合了几个语义成分。进行汉译时，很难将其词义一下全部表达出来，这种情况下，可以采取单词词义分译法。

例如，The town boasts a beautiful lake.

译文：镇上有个美丽的湖，人人以此为豪。（动词）

（2）单词搭配分译。英语中有些词语间的搭配关系，汉译时要打破原文的结构，按照汉语习惯，将有关词语分别译出。

例如，She treated that lady with every demonstration of cool respect.

译文：她对待那位夫人不冷不热，不错规矩。

（3）灵活对等分译。英语中有些单词，如果按其在句中的位置机械地译成汉语，意义不够明确，译者应采用灵活对等分译法来处理。

例如，Thus it was that our little romantic friend formed visions of the future for herself.

译文：我们的小朋友一脑袋幻想，憧憬着美丽的未来。

分析：如果逐字译成“我们浪漫的小朋友憧憬着未来”，并不能算错，但意思却不甚明了，因为“浪漫”一词在汉语里含意较多。此处为“想入非非”，所以分译成“一脑袋幻想”较为明确。既突出了人物性格，又避免了翻译腔。

（4）突出语言重点。有时逐字翻译虽然也能使语句通顺，但不如分译更能传达句内所含的语义重点。

例如，there was in the old library at Queenys Crawley a considerable provision of works of light literature of the last century, both in the French and English languages...

译文：在女王的克劳莱大厦的书房里，有不少上世纪的文学作品，有英文的，也有法文的，都是些轻松的读物……

（5）修辞需要词语分译。有时将单词分译是为了达到某种修辞效果。

例如，And in their disputes she always returned to this point, “Get me a situation, we hate each other, and I am ready to go.”

译文：从此以后他们每拌一次嘴，她就回到老题目，说道：“给我找个事情，反正咱们你恨我我嫌你，我愿意走。”

分析：此句中一个 hate 分译成“恨”与“嫌”两个字，使得译笔生动，读者如见其人。

2. 短语分译

短语分译是指把原文中的一个短语分译成一个句子。名词短语、分词短语、介词短语等有时都可以分译成句。

（1）名词短语的分译。

例如，I wrote four books in the first three years, a record never touched before.

译文：我头三年写了四本书，这打破了以往的记录。

（2）分词短语的分译。

例如，He didn’t remember his father leaving home when he was only 3 years old.

译文：他三岁时父亲就离家出走了，因此他不记得父亲。

（3）介词短语的分译。

例如，They were very frank and candid with each other in a relaxed way.

译文：他们相互十分坦率，而且直言不讳，但气氛却十分轻松。

3. 句子分译

句子的分译可以分为简单句的分译、并列句的分译、主从复合句的分译和长句的分译。

（1）简单句分译。简单句的分译要根据具体情况，灵活处理。

例如，Daybreak comes with thick mist and drizzle.

译文：黎明时分，大雾弥漫，细雨蒙蒙。

（2）并列句分译。并列句常常在分句连接处加以切分，译成两个或两个以上的句子。

例如，I sat with his wife in their living room，looking out the glass doors to the backyards，and there was Allen? Spool，still covered with black plastic that had been stretched across it for winter.

译文：我跟他妻子一起坐在他们家的起居室里，望着玻璃门外的后院。后院里有艾伦的游泳池，上面还盖着过冬时铺上去的黑色塑料棚。

（3）主从复合句分译。英语主从复合句汉译时常在分句连接处加以切分，分译成两个或两个以上的句子。

例如，A bankable actor is one with whose name a producer can raise enough money to make a film.

译文：所谓“摇钱树”的演员就是指这样一种演员——制片人只需抬出其大名来就可以筹措到足够摄制一部影片的经费。

4. 长句分译

英语中有的单句不亚于复句，较长，也较复杂，不使用翻译技巧很难把它们译好。长句含若干短语和其他修饰语，汉译时宜采取“化整为零”的办法，把其中意思相对独立的尽量译成汉语分句，并按意思或用语法手段把它们组织起来。这样，译文就会层次清楚，语句简洁。

例如，Care shall be taken at all times to protect the instrument from dust and damp.

译文：应经常注意保护仪器，勿使沾染尘土，勿使受潮。

分析：把不定式 to protect 译成两个分句。

总而言之，英汉两种语言之间存在很大差异。在进行英汉翻译时，译者必须灵活使用不同的翻译技巧与方法。在众多的翻译技巧和方法中，分译法是改变原文句子结构的重要变通办法。分译法不仅可用于拆译长句，还可以用来拆译单句或短语，甚至可以用来拆译单词。另外，分译时，精心安排译文的语序是很要紧的，其具体做法可归纳为四个字：顺、逆、抽、调。

五、倒置法与重组法的英语翻译技巧

（一）倒置法的英语翻译技巧

倒置法，即为了遵从目的语的表达习惯，翻译时有必要对原文的词序进行适当调整。这既包括词组或短语中的词序倒置，也包括句子中修饰成分的倒置，还包括句子结构的倒置。

1. 词组或短语的倒置

词序调整在词组或短语的英汉互译中是非常普遍的。例如，tough-minded（意志坚强的）、heart-warming（暖人心的）、well-conducted（行为端正的）、East China（华东）、northeast（东北）、southwest（西南）、早晚（sooner or later）、得失（loss and gain）、三三两两（by twos and threes）、来来回回（to and fro，back and forth）等。

例如，She had such a kindly，smiling，tender，gentle，generous heart of her own.

译文：她心地厚道，为人乐观，性情温柔，待人和蔼，气量又大。(倒置前置定语)

分析：原文中用五个形容词来修饰 heart，译文对 heart 和五个形容词的位置进行了互换，这种倒置更符合汉语的表达习惯。

2. 句子中修饰成分的倒置

句子中修饰成分的倒置主要涉及以下方面：

（1）定语从句的位置倒置。在汉语中，定语修饰语和状语修饰语往往位于被修饰语之前；在英语中，许多修饰语常常位于被修饰语之后，因此翻译时往往要把原文的语序颠倒过来。倒置法通常用于英译汉，有时也用于汉译英。

例如，We could not really feel satisfied，calm or in agreement with the situation with which we are faced at the beginning of this session of the General Assembly.

译文：我们对本届联合国大会开始时所面临的局势难以感到满意，也难以感到心安理得。

（2）状语从句的位置倒置。表示方式或结果的英语状语从句，通常位于主句之后；其他表示时间、地点、原因、条件、让步或目的的状语从句可能在主句之前，也可能置于主句之后；汉语中表示结果的状语也常位于主句之后，但表示时间、地点、原因、条件、让步或目的的状语却常置于主句之前。

例如，Stormy applause broke forth the moment she appeared on the stage.

译文：她一出现在台上，就爆发出暴风雨般的掌声。

3. 句子结构的倒置

就句子结构而言，英语有前轻后重的特征，倾向于先推断或做结论，再叙述或描写。这种谓语部分比主语部分要长或复杂的情况，语法学家称为“尾重型”结构。汉语结构的安排却相反。从逻辑结构上讲，两种语言在句型结构的安排上也存在差异。

在英汉互译时，需要进行句子结构的倒置以使译文更符合目的语的表达习惯。例如，译者有时需要将英语中表示“结果—原因”的句子结构颠倒成汉语的表示“原因—结果”的表达结构，将英语的“结论—分析”转化为“分析—结论”的表达结构，以及将英语的“假设—前提”转化为汉语的“前提—假设”结构等。这些英汉之间句子结构的转化，其实是倒置翻译法中的一种情况。

总而言之，倒置法是一种与语法、修辞、逻辑、用法、思维方式密切相关的翻译技巧。英汉句子结构和语序上的一些普遍差异，要求译者在翻译的时候有必要重新安排原文的信息。

（二）重组法的英语翻译技巧

一般而言，英语长句译成汉语常用原序译法、换序译法和拆分译法，但在翻译实践中，往往不只是单纯地使用一种翻译方法。如果两种语言的表达方式不一致，运用顺译法便会显得牵强、别扭，这时则宜采用重组法。重组法一般用于英译汉，偶尔也用于汉译英。

重组法指在进行英汉互译时，为了使译文流畅和更符合原文叙事伦理的习惯，在弄清原文长句的结构、弄懂原文意义的基础上，彻底摆脱原文的语序和句子形式，对句子进行重新组合。重组一般都是以各部分之间的（时间、逻辑）关系为依据的。

具体而言，就是分析原文结构，解读原文意思，然后根据目标语的思维方式和表达习惯重新组织和安排信息，译出原语真正要体现的内容和情感。

第三节　英语翻译中不同元素的整合

英语翻译受到诸多因素的影响，不仅取决于最基本的词义、词性，还牵涉到很多语篇、修辞等因素，由于英汉两种语言之间在根本上存在许多不同之处，译者在翻译过程需要对词汇、句法等进行相应的选择、调整和转换。

一、英语翻译中的词汇元素

（一）词汇的翻译类别

句子和篇章都是由词语组成的，要做好翻译，必须重视词语的翻译。“英语和汉语有着大致相同的词类，实词中都有名词、动词、形容词、副词、代词、数词，虚词中都有介词和连词”①。所不同的是英语中有冠词，而汉语中有量词和语气词。

1. 名词

英汉名词特点基本相同，都表示人、地方和事物的名称，但英语倾向于运用名词来表达某些在汉语中常以动词表达的概念。因此，就词类而言，英语中以名词占优势，即英语倾向多用名词。

（1）英汉专有名词的翻译。专有名词是指人名、地名、机构团体名和其他具有特殊含义的名词或名词词组。

第一，英汉的人名。

首先，英汉姓名的顺序差异。汉语先说姓后说名，如李四光，“李”是姓，“四光”是名。而英语反之，即先说名后说姓。例如，Benjamin Franklin，Benjamin 是名，Franklin 是姓。

其次，英汉姓名的组成差异。汉语人名是由“姓+名”构成，其中姓有单姓和复姓，名也有单名和双名，如诸葛孔明，“诸葛”是复姓，“孔明”是双名。司马光，“司马”是复姓，“光”是单名；陈景明，“陈”是单姓，“景明”是双名；习惯上欧美人都有两个名，但第二个名很少用，只写首字母或省略。

最后，人名的翻译原则。①名从主人。名从主人原则是指在翻译人名时，要以该人名所在国的语言发音为准，不能从其他文字转译。也就是说译英国人名时要以英语的音为准，译中国人名要以汉语的音为准，译法国人名要以法语的音为准，即是哪个国家的人名，就以哪国的音为准。例如，John 约翰；李明 Li Ming。②约定俗成。约定俗成原则是指有些人名在长期的翻译实践中已经有了固定的译法，已为世人所公认，一般不轻易改动，即使译名不够妥帖。在以往的翻译中不乏这样的例子，如英国作家 George Bernard Shaw 应该译作“乔治·伯纳·萧”，但是过去一直被译作“萧伯纳”，这个中国化了的译

---

① 金朋荪．大学英语翻译理论与实践［M］．武汉：华中科技大学出版社，2009：102.

名一直沿用下来。再如英国作家柯南道尔的小说中的主人公 Holmes 惯译作“福尔摩斯”，尽管按读音应译作“霍姆斯”。

第二，地名的翻译。

首先，地名的翻译原则。地名的处理同历史、国情、语言及习惯等都有关系，一般要遵循以下原则：①名从主人。地名翻译仍然要遵循“名从主人”原则，就是说翻译地名必须遵照原来的读音。例如，Paris 按英语的读音应译作“巴黎斯”，但由于在法语中“S”不发音，所以译作“巴黎”。②约定俗成。地名具有社会性，应有相对的稳定性，一经约定俗成，就代代相传。所以已经被广泛接受的译名，不要轻易改变。例如，俄罗斯首都一直被译作“莫斯科”，这是按英文 Moscow 音译的，如按俄文应为“莫斯克娃”。

其次，地名的翻译方法。①音译法。音译法也是翻译地名的最常用方法。在翻译时同样遵循前面关于人名翻译时讲到的准则，即要保证音准，不用联想词和生僻字，翻译时可省略不明显的音，但不能添加音。例如，英语地名 London 译作“伦敦”，Chicago 译作“芝加哥”。汉语地名的英译一般用汉语拼音进行音译，如“山西”译作 Shanxi，“上海”译作 Shanghai。②意译法。意译法是指根据原文的意思，按照目的语的构词法进行翻译。有些地名有明确的意义，这种情况多采用意译，如 Thursday Island 译作“星期四岛”（因探险者于星期四发现它而得名），Long Island 译作“长岛”，the Pacific Ocean 译作“太平洋”，Red Sea 译作“红海”，Pearl Harbor 译作“珍珠港”等。③音意混译法。音意混译即一半用译音，一半用译意来翻译一个地名，如 Northampton 译作“北安普敦”，New Zealand 译作“新西兰”，New Mexico 译作“新墨西哥”等。一般由具有词义的词和不具有词义的词组成的地名，可采用音意混译法。

最后，其他问题。地名翻译时增加通名（如“山”“川”“河”“海”“省”“市”等）。例如，“纽约市”“日内瓦湖”，其中“纽约”“日内瓦”是专有名词，“市”“湖”是通名。有的地名原文不包括通名，但是为了便于读者了解，翻译时有时需要增加“山”“川”“河”“海”“省”“市”等族类词。

例如，He slipped out of the State Department and crossed the Potomac to Arlington, Virginia, where the civil ceremony took place.

译文：他偷偷地溜出了国务院，渡过波托马克河到弗吉尼亚州的阿林顿县，在那里举行了公民结婚仪式。

译文中分别给 Potomac、Arlington、Virginia 加上了通名，而非简单音译过来，以免缺少文化背景知识的读者理解起来困难。

增加国名或区域范畴词。有时一个译名可指数个不同的地点，如“圣路易斯”可指巴西的 San Luis，阿根廷的 San Luis，美国的 Saint Louis。对于异地同名者，翻译时可加注国别、省市等区域范畴词，以区分不同的地方。上述的“圣路易斯”可做如下处理：圣路易斯（巴西），圣路易斯（阿根廷），圣路易斯（美国）。

（2）英语普通名词的翻译。

第一，名词译作名词。

首先，英语中的名词多数都可以译作汉语中的名词。

例如，We found the hall full.

译文：我们发现礼堂坐满了。

其次，增加范畴词。抽象名词有时候说明人和事物的性质、情况、动态、过程、结果等，有时候又是具体的人或事物，这些词若直译，不能给人具体明确的含义，因此翻译时往往要在汉语的抽象名词后面加上范畴词“情况”“作用”“方法”“过程”等来表示行为、现象、属性，使抽象概念更具体些。

例如，Keep your eyes on this new development.

译文：请你注意这个新的发展情况。抽象名词 development 译作具体的事物“发展情况”。

第二，转译成动词。

首先，含有动作意味的抽象名词往往可以转译成动词。

例如，A careful study of the original text will give you a better translation.

译文：仔细研究原文，你会翻译得更好。

包含有动词意味的 study 译作了汉语的动词“研究”。

其次，由动词派生的抽象名词往往可转译成汉语动词。在英译汉中，常将那些由动词转化或派生而来的行为抽象名词，转译成汉语的动词，以顺应汉语多用动词的习惯。

例如，Enough time has passed since Dolly's arrival for a sober, thorough assessment of the prospects for human cloning.

译文：多利出生以来，人们用了足够多的时间，审慎而详尽地评估了人类克隆的前景问题。

arrival 译成汉语动词“出生”，名词 assessment 译成动词“评估”，读起来更顺畅，符合汉语用词习惯。

（3）英语名词复数的翻译。名词复数在英语中广泛使用，在汉语中若该复数概念是可以意会的，汉译时一般不必把复数译出来。但有些情况下，需要明确表达原文含意或符合汉语的习惯，则须将复数译出。这时英译汉通常采取增词法或重复法表达名词的复数。

第一，省译名词复数。由于汉语名词的复数不是通过词形变化表示的，因此，英语名词复数在汉译时通常不必译出来。英语的某些名词，总是以复数形式出现，这是因为表示的物体总是由两部分构成。例如，glasses（眼镜）、trousers（裤子）、shorts（短裤）、knickers（短衬裤）等。汉译时，这些词不必译为复数。

第二，增词法翻译名词复数。通常而言，汉语是通过加数量词或其他词的方式表示复数的，而英语是用名词的形态变化表示复数的。一般而言，在英语复数名词译成汉语时，根据上下文需要，可在名词前加定语“一些、各（诸）、成批（群、堆等）的”，或在名词后加复数词尾“们、群、之流”等表达。

第三，用重复法翻译名词复数。为了加强名词本身或使译文明确、通顺，不至于造成逻辑混乱，常常采用名词重译的方法。

2. 代词

代词可以代替词、词组、句子甚至一大段话。下面主要从英语代词和汉语代词分析。

（1）英语代词的翻译。

第一，人称代词（表 1-1）。

表 1-1　人称代词

类别	内容
省略作主语的人称代词	首先，根据汉语习惯，前句出现一个主语，后句如仍为同一主语，主语就不必重复出现。英语中通常每句都有主语，因此人称代词作主语往往多次出现，这种多次出现的人称代词汉译时常常可以省略。例如，I had many wonderful ideas，but I only put a few into practice. 译文：我有很多美妙的想法，但是付诸实践的只是少数。后句中的主语是人称代词 I，由于和前句中的主语相同，因而汉译时省略了这个人称代词。其次，英语中，泛指人称代词作主语时，汉译时也可以省略。例如，We live and learn. 译文：活到老，学到老。作主语的人称代词 We 表示泛指，因而在译文中省略。
省略作宾语的人称代词	英语中有些作宾语的代词，不管前面是否提到过，翻译时往往可以省略。例如，The more he tried to hide his mistakes，the more he revealed them. 译文：他越是想要掩盖他的错误，就越是容易暴露。作宾语的代词 them 省译了。

第二，物主代词。

首先，英语句子中的物主代词出现的频率相当高。一个句子会出现好几个物主代词，如果将每个物主代词都译出来，译文就会显得烦琐。所以，在没有其他人称的物主代词出现的情况下，在翻译时物主代词大多被省略。

例如，I put my hand into my pocket.

译文：我把手放进口袋。

其次，有时为了加重语气或避免产生误会，要将代词译出。

例如，The workers and their families were starving.

译文：工人和他们的家属在挨饿。

最后，根据上下文进行翻译。英语中的代词表示泛指时，要根据上下文进行翻译，而不能进行照译。

例如，We have shortcomings as well as good points.

译文：人人都有优点，也有缺点。

We 泛指人们，译作“人人”。

第三，指示代词。

首先，英语的 this（these）和 that（those）有着严格的区别，除了表示“这（些）”“那（些）”之外，this（these）指较近的事物，或下文将要提及的事物；that（those）指较远的事物，或者上文已提及的事物。而汉语的“这”与“那”区别较小，一般而言，that 常可译成“这”。

例如，There is nothing comparable in price and quality. That's why we choose it.

译文：在价格和质量上都有着无与伦比的优势，这就是我们选择它的原因。指示代词 that 指代上文，被译为“这”。

其次，有时英语在前一句中提到两个名词，在后一句中就用 this（these）指第二个名词，用 that（those）指第一个名词。翻译时，汉语常重复原词，而不用“这”与“那”。

例如，I'm going either today or tomorrow；the latter is more likely.

译文：我或者今天走，或者明天走，明天的可能性大一些。

第四，关系代词。英语常用的关系代词有 who、whose、whom、which 等。关系代词所引导的定语从句如须分开译，则关系代词的译法与人称代词及物主代词的译法基本上相同（表 1-2）。

表 1-2 关系代词

类别	内容
译成汉语的代词	例如，I was a willing worker，a fact of which my new boss took fully advantage. 译文：我很爱干活儿，新老板就尽量占我这个便宜。其中的 which 译成“这个”。
重复英语的原词（先行词）	例如，Rain comes from clouds，which consist of a great number of small of particles of water. 译文：雨从云中来，云中包含有无数的小水滴。由于提到的物或人不止一个，因此在译文中重复原词以避免混淆。

第五，不定代词。

首先，some 和 others 常一起用于英语复合句中，汉语译作“有的……，有的……”“或……，或……”。

例如，Some walked to the station，others took a bus.

译文：有的步行去车站，有的乘公共汽车去。

其次，one…another…a third…用于复合句中，是表示许多并列的事物，汉语译成“一（个）……，一（个）……，一（个）……”或其他表示并列的句型。

例如，Tomorrow morning we have three classes：one is reading；another is oral English，and a third is translation.

译文：明天上午有三堂课，一是阅读，一是口语，一是翻译。

（2）汉语代词的翻译。汉语的代词分为人称代词、指示代词和疑问代词三类。

第一，人称代词。汉语常见的人称代词基本形式为：我、你、她、他、它。在它们的后面增加“们”字，可构成它们的复数表达形式。“自己”是一个复称代词，如果句子的主语是人称代词或指人的名词，后边又需要复称主语的，便用“自己”。汉语中，还有“咱、咱们、我们”，表示听话人在内的所有人。汉语使用代词比较少，如果句子能读明白，一般就不加代词，以使句子简洁；有时为了避免重复名词，也使用代词。因此，翻译人称代词时要根据具体情况翻译（表 1-3）。

表 1-3　人称代词基本形式

类别	内容
增补人称代词	英语通常每句中都要有主语，因此，翻译时要补充人称代词，以符合英语语法习惯。例如，漏电会引起火灾，必须好好注意。译文：Leakage will cause a fire，you must take good care. 无主语句，翻译成英语时译成了复合句，要增加主语 you，使句子完整。
增补物主代词	汉语的很多句子的逻辑关系明确，不需要用物主代词；但英语中涉及人的器官、所有关系、有关的事物时，都要用物主代词。因此，英译时应该增补物主代词，使关系清楚。例如，他们在做化学试验。译文：They are doing cheir chemical experiments.
增补反身代词	汉语的一些句子的反身代词是隐含的，英译时应该补上，尤其是一些作宾语或同位语的反身代词。例如，为什么我们扇扇子会感到凉快？译文：Why do we feel cooler when we fan ourselves？译文中的反身代词 ourselves 在从句中作宾语。增补了反身代词会使句意更完整，即把汉语隐含的内容翻译出来了。
人称代词照译	汉语的一些人称代词在句中的用法同英语相似，因此，译成英语时可以照译。例如，电子计算机为我们节省了大量时间。译文：The electric computer saves us much time.

第二，指示代词。汉语的指示代词基本形式是“这、那”，由此衍生出的常用指示代词有：表示处所的“这儿、那儿、这里、那里”；表示时间的“这会儿、那会儿”；表示方式的“这么（做）、那么（做）、这样（做）、那样（做）”；表示程度的“这么（高）、那么（高）”等（表 1-4）。

表 1-4 指示代词基本形式

类别	内容
增补指示代词	英语中常用指示代词来代替句子中曾经出现过的名词，但汉语对出现过的名词常省略，因此，在汉译英时需要增补指示代词。首先，在英语的比较句式中，常用指示代词来替代前面提到的事物，以避免重复。其次，汉语中表示自然现象、时间、距离、天气等情况时，多用无人称句；但英语的句子必须有主语，因此，译成英语时要增补主语，所增补的主语通常是 it。最后，有时为了英语语法的需要，翻译时要增补形式主语或形式宾语。
照译指示代词	例如，这是一座现代化的工厂。译文：This is a modern factory.

第三，疑问代词。汉语中常见的疑问代词有：谁、哪、哪儿、哪里、怎、怎样、怎么、怎么样等。汉语和英语都把疑问代词用在疑问句中，并且都有相对应的词，所以，通常在汉译时可以照译。例如，谁在隔壁房间打字？译文：Who is typing next door?

3. **冠词**

冠词是一种虚词，本身不能独立，只是附着在一个名词前帮助说明这名词的含义。英语中的冠词有不定冠词 a（an）和定冠词 the。汉语中没有冠词。

（1）不定冠词的翻译。在以下情况中，不定冠词 a（an）具有一定的意义，是必须译出的。汉语“量词”很多，翻译时需要注意搭配，有所选择。翻译时不能见到 a 就译成“一个”，而不考虑“个”是否和后面的名词相配。

（2）定冠词的译法。

第一，定冠词 the 在汉译时常省略。在汉语中，名词是泛指还是专指，类指还是特指，往往从上下文或者语境中可以知道，所以，一般不需要指示代词“这”或“那”。因此，在汉语译文中，定冠词 the 常省略。

第二，定冠词 the 译成“这”“那”或其他词。首先，冠词在指示性作用较强的地方可以翻译出来。在指示性作用较强的地方，定冠词 the 可以翻译出来，因为有些名词要是不加“这（那）”就容易和别的事物混淆。其次，名称替换。英语中，有时候提到一个人或一件事物，以后再提的时候却变了一个说法，这就是名称替换。用这样的方法，很多时候都要用到定冠词（或物主代词），在翻译的时候有两种处理办法。

（3）冠词和抽象名词或具体名词连用的译法。

第一，冠词与抽象名词连用，可化抽象为具体。首先，由动词派生的抽象名词前使用不定冠词。由动词派生而来的抽象名词前使用不定冠词，可使这些名词不再表示泛指而表示部分具体意义，因此，不定冠词可译成“一类、一种、一个”等。其次，由形容词派生的品质抽象名词前使用不定冠词。由形容词派生的品质抽象名词前也可以使用不定冠词，使这些名词表示部分具体意义，如表示品质或情状，因此，不定冠词可译成“一种”“一方面”等。最后，抽象名词前用定冠词，表示比较具体的行为、品质。抽象名词前用定冠词，可使其具有特指性质，它表示的就不再是泛指意义而是比较具体的行为、品质了。

第二，定冠词和具体名词连用，可化具体为抽象。首先，定冠词与表示人体部位的名词连用。表示人体部位的名词，特别是感官方面的名词，如 eye、ear，其单数形式与定冠词连用并不指“眼”“耳”等具体的东西，而是转指“视觉”“听觉”等抽象概念。其次，定冠词与表示工具的名词连用。定冠词与一些表示工具的名词连用时，可转指与这些名词有联系的抽象概念。

4. **副词**

（1）英语副词的翻译。英语副词是说明时间、地点、程度、方式概念的词，一般情形下可以修饰动词、形容词、副词或全句，表示状况或程度。

第一，英语副词可以译成汉语的副词、形容词、动词、名词代词、独立句、关联词等。

第二，副词词序及其翻译。英语副词位于英语句首、被修饰词之前或介于被修饰部分之间，汉译时，位置可以不变。

（2）汉语副词的翻译。汉语的副词是表示动作、行为、性质、状态等在程度、范围、情态、语气等方面不同情况的词。副词主要用作状语，像“很、极”可以放在形容词后作补语。汉语的副词可以译成英语的副词、形容词、名词、动词、介词。

5. **动词**

英汉两种语言的最大差异之一，便是体现在动词的运用上。汉语和英语相比，汉语动词灵活多变，具有极强的表现力，这有三方面的原因：①汉语属综合性语言，其动词没有形态变化，一个句子中可以连用几个动词。②在英语中，许多名词、介词短语、副词等具有动词的特点。③汉语动词除可以作句子的谓语外，还可以作句子的定语、补语、主语、宾语，而英语的动词一般而言作句子的谓语。因此，翻译时，需要注意这些特点。

（1）汉语动词的翻译。汉语动词具有极强的表现力，综观其使用方法，大致可分为三类：①动词独用；②动词连用；③动词叠用。

第一，动词独用的翻译。汉语动词单独使用时，在翻译中，可以照译或依据情况转译为英语中的名词、形容词、介词、副词等。

第二，动词连用的翻译。所谓动词连用，指的是在一个句子中连续使用两个或两个以上的动词，这在汉语中是极为普遍的。汉语中动词连用有“连动式”结构和“兼语式”结构。在英语中，如果要在一个句中描述两个以上的动作，则必须对动词做一些处理，要么使用动词的非谓语形式，要么加连词使其成为并列成分。或者是使动词变成其他形式，如名词、介词短语等，有时也可省略某个动词。

第三，动词叠用的翻译。叠词（reduplicated word）是汉语的一种特殊词汇现象，使用非常普遍。汉语的名词、数词、量词、形容词、副词、动词以及象声词都有重叠变化。重叠词可使语言生动活泼，更富有感染力。

（2）时态的翻译。

第一，英语时态的翻译（表 1-5）。

表 1-5 英语时态的翻译

类别	内容
一般现在时	一般现在时主要表示经常性的动作或现在的特征或状态，还可用来表示普遍真理。一般现在时还可以用在条件和时间状语从句中表示将来的动作，用来代替一般将来时。谓语动词一般采用直译的方法，有时还可以在动词前用“可以……”“会……”等。
一般过去时	一般过去时主要表示过去某时发生的动作或情况（包括习惯性动作）。有些情况，尽管发生的时间不是很清楚，但实际上是过去发生的，应当用过去时态。一般过去时的译法比较简单，一般不需要添加哪些副词或者助词来表示过去时，因为汉语习惯上不需要明确表示动词的时态。根据上下文，或者借助句子里的时间状语，便可表达过去时。但是有时候为了更加准确的翻译，或者为了强调起见，也可在动词前后添加“已经”“曾”“……过”“……了”等字，或者在句首添加“以前”“当时”“过去”等时间副词。
一般将来时	一般将来时态表示将要发生的动作或存在的状态。翻译这种时态时，可以在动词前面添加“将要……”“会……”“便”“就”等词。
进行时态	现在进行时表示某一时刻或某一时段正在进行的动作，译为汉语时，译文中有“着”“在”“正在”“不断”等体现进行时的词。
现在完成时	翻译现在完成时，可在动词前面添加时间副词“已经”和在后面添加助词“了”“过”或者“过……了”。

第二，汉译英中的时态表达。汉语句子的时态通过词来表示，其中包括副词、助词以及时间短语等。

首先，通过一些特定词翻译。如果句子用“着”“一直/不断/不停”“在”“从……来”“向……来/去”“边……边……”，那么句子的时态为进行时。在没有时间状语的情况下，可以翻译成现在进行时态、现在完成进行时态或者过去完成进行时态。如果句子用“将要”“要”，那么句子的时态为将来时态。如果句子用“要/快要……了”，那么句子的时态为将来完成时态。如果句子用“已经在……了/呢”，那么句子的时态为完成进行时态。如果句子用了“了”“已经”“完”“好”“掉”“成”，那么句子的时态一般为完成时。在没有时间状语的情况下，可以翻译成英语的过去时态、现在完成时态或者过去完成时态。

其次，不同的理解，不同的翻译。汉语句子的时态意义主要是靠语境提示，即使有一些特定的词起到了提示作用，它们与英语也并非一一对应。

（3）被动语态的翻译。被动语态是英语动词的一种变化形态，表示句子的谓语动词和其主语之间存在逻辑的动宾关系。被动句的主语实际上是谓语动词动作的承受者。被动语态的广泛使用是英语有别于汉语的又一个特点。被动语态的出现多为下列四种情况：①不知道或者不必说出动作的执行者是谁；②动作的承受者是谈话的中心；③出于礼貌、措辞选用等方面的考虑，不愿意说出动作的执行者是谁；④为了上下文的衔接或者句子的合理安排。

汉语中也有被动句，但使用范围较狭窄，许多被动意义的句子是用无主句的形式来表达的。汉语的被动语态表现为三种形式：①显性被动，用“被”“让”“叫”“给”及“由”等介词作语态标定的句式；②半显性（半隐性）被动，用“加以”“……是……的”“……的是……”及“……为……所……”等句式；③隐性被动，即逻辑上的被动以形式上的主动表示。

第一，英语被动语态的翻译。英语中的被动语态，在多数情况下要译成符合汉语习惯的主动语态，也有少数保留被动语态。

一是译成汉语的主动句。首先，保留原文中的主语。在将被动句翻译成汉语的时候，有时可以将原文中的主语仍作译文中的主语。其次，将原文中的主语转译成宾语。如果原句中没有施动者，在必要的情况下，还可以在译文中添加相应的主语，如“人们”“大部分人”“大家”等。再次，译成无主句。当无须说出行为主体时，或者在没有动作发出者的被动句中，有时可以将被动句翻译成无主句。一般而言，英语中不带 by 短语并含情态动词的被动句，都可以采用这种译法。翻译时，将原句的主语译成宾语，放在动词后面，也可以加“把”“将”“对”等词将宾语放在动词之前。英语中有些特殊的被动句，是由短语中的名词作主语构成的，翻译时可以将原句的主语和谓语，合译成汉语无主句的谓语。再其次，译成带表语的主动句。汉语中常用“……是……的”这一句式而言明人和事物的客观情况。一般而言，英语中用而言明客观情况的被动句，都可以转译成汉语的这一句式。最后，有些是以 it 为形式主语的句子，在译成汉语时常常要改变成主动形式。译文有时不加主语，有时需要加入不确定的主语，如“有人”“大家”“我们”等。

二是译成汉语的被动句。当英语被动句在语义上着重谓语动词本身的意义时，可译成汉语的被动结构。

第二，汉语被动语句的翻译。与英语反之，汉语常用意义被动式，少用结构被动式。翻译时，常用英语的被动式表达。

（4）虚拟语气的翻译。虚拟语气表示说话人所说的话不是事实，或者不可能发生，而是一种愿望、建议、猜测或与事实相反的假设等。

英语通过动词形态变化来表述虚拟语气，而汉语主要利用词汇手段来表述。现代汉语用以表示虚拟的词语范围比较广，但主要是以下三类词语：

参与组成谓语部分的前置助动词。①表示能力和可能性：能、能够、可以、会等；②表示意愿和意向：愿、愿意、敢、肯、要等；③表示推测和必要：应、应该、当、该等。

参与加强或限定谓语成分的副词。①就、就会："就"以及"就"与助动词"会"的搭配式"就会"是表示"假设"的最重要的副词。"就"是一个表示强调的副词："我要是你，我就去。"这时的"就"是不可少的，不能省的。"就"之前还可以加"早"，作为对"就"的强调。"就"的基本作用是加强。②本、本来、原本（是）：也是现代汉语中参与构成假设陈述重要的副词，其作用是限定。③竟："竟"是表示出乎所料的一个副词，其作用是加强。一般而言，现代汉语表示"假设"的谓语形式就是以上两类情态辅助性词语与动词的组合，一般结构形式是："副词+助词+动词"。

引导条件句的连接词。一般而言，现代汉语在复句中表达假设的含义，是通过连词引导条件句来完成的。这样的连词包括如果、假如、若、要是等。

第一，英语虚拟语气及其翻译。英译汉时，要根据各种谓语动词的形态、表示假设的连词以及特殊的句子结构和某些特定的词语来判定虚拟语气的类型，并加以恰当的表达。虚拟条件句，即非真实条件句中，条件从句及主句所用谓语动词的形式，根据时态的不同，可以分为三种：①与现在事实相反；②与过去事实相反；③与将来事实相反。句中的条件从句和结果主句都须用虚拟语气。

第二，汉语虚拟语气及其翻译。首先，有虚拟标志的汉语句。根据汉语的词汇手段，即虚拟标志，大体可以从字面上判断出汉语的虚拟语句。然后用相关的英语虚拟语句译出。其次，隐性虚拟汉语句。对没有虚拟标志的汉语语句，即汉语的隐性虚拟表达，一般通过句子的逻辑含义来判断。例如，如果是虚拟语句，则用相应的英语虚拟语句译出。

6. 连词

连词是连接词与词、短语与短语、句与句的词。连词可分为两类：并列连词和从属连词。并列连词是用来连接同等的词、短语或分句的；从属连词是用来引起从句的。

（1）英语连词的翻译。

第一，省略不译。英译汉时，有些连词在很多情形下可以不译，特别是一些在句子里只起连接作用而本身并无意义的连词，一般可以略去不译。

第二，照译。有些连词在句中除了起连接作用外，本身也具有一定的含义，特别是一些连词短语，具有很强的含义，如果省译会影响对句子的理解，就要照译。

第三，转译。英语的连词除了可译作汉语的连词外，还可根据原句中的关联作用译成汉语中的副词、介词、助词、动词。

（2）汉语连词的翻译。在汉语中，词与词、短语与短语、分句与分句不一定需要连词连接。例如，“文（学）艺（术）界”“王老师工作一贯认真负责，这次被评为‘优秀班主任’”。

（二）词汇的翻译方法

汉语和英语在语法和表述习惯方面有着诸多不同，故把汉语词语译成符合英语语法和表述习惯的英语短语时，需使用一些翻译技巧，包括增词法、省略法、具体法、抽象法、词性转化法、视角转换法、结构调整法、归化法以及加注法等。译者只有知晓并掌握了这些技巧，再凭借好的英语语言基础包括句法和词法以及足够的词汇量，才能自如地进行汉译英活动。

1. 归化法

有些汉语词组恰好能在英语中找到意思极为相似的对应词组。此时，不妨将英语中与之相对应的词组作为其译文，以使英译文更加符合英语的文化背景、更易于被英语使用者接受。

例如，丁字尺。

译文：T-square.

解析：该汉语词汇以“丁”字来生动而形象地描绘了这种尺子，令人一目了然。但把该词组译成英语时就有麻烦，因为许多外国人并不认识汉字。而且汉字“丁”是利用其字形来描述尺的形状，而并非利用其意。所幸，英语 26 个字母中的“T”恰好与汉语“丁”字极为相近，因此翻译时可用“T”来代替“丁”，起到相似的表述作用。

2. 增词法

汉译英时，首先，时常需要根据英语的语法和表述习惯，在汉语原文的基础上增添一些单词或词组；其次，当汉语原文的真实含义隐藏在字里行间而并未明确地得以表达，这样的句子译为英语时，一般可通过增词法把句子隐含的意思清楚地表达出来，以帮助读者理解其深刻内涵。

用增词法的原则是“增词不增意”，即译出隐含义时不能增加或改变原句之意。当然，有时为保持原文的风格和句子的特色，译者不能违背作者意图而把所有的隐含之义都清楚地译出，从而使译文变成白开水而失去许多意趣，致使读者失去思考和探索之乐。因此，译者既不能漏译原句的隐含义，又不能把原著作者刻意要含蓄表达的隐含义都说出来。换言之，译者要恰如其分地在“欠额翻译”和“估计过高”之间找到平衡，避免走极端，避免使译文失去原文的风采。

（1）根据语法习惯增加冠词。汉语没有冠词，把汉语译成英语时要适当加上冠词。至于用哪些冠词、哪里用冠词，其实是英语语法中对冠词使用的问题。

第一，增加不定冠词（indefinite article）。

例如，我们在业务上有了良好的开端。

译文：We have made a very good start in our business.

第二，增加定冠词（definite article）。

例如，天空中开始闪烁淡紫色、玫瑰红和琥珀色。

译文：Hues of lavender，rose and amber begin to pulsate in the sky.

（2）增加作主语与宾语的代词。

第一，增加作主语的代词。在汉语中，如果前文出现过一个主语，而后面一句的主语与前文一致，那么后句主语可以省略。但是翻译成英语时，一般要将这个被省略的主语补上。

例如，但我就是这个脾气，尽管多番努力，却还是没能改掉。

译文：But that is the way I am，and try as I might，I have not been able to change it.

此外，汉语中还有不少无主句，翻译成英语时也应将省略的主语补上。

第二，增加作宾语的代词。汉语中，可以把动词后面的前文出现过的宾语省掉。但译成英语时，由于及物动词后面必须跟宾语，故要保留这个宾语；同时为避免重复，就用代词来替代前文提到过的这个宾语。

例如，你越要掩盖自己的错误，就越会暴露。

译文：The more you try to cover up your mistakes，the more you reveal them.

第三，增加物主代词。

例如，一只鹭从远处的岸边飞起，轻轻扇动着翅膀掠过湖面。

译文：A heron rises from a distant shore and gently fans its way ovcr the lake.

（3）增加表特定文化的背景词。由于中西方文化间的差异较大，因此，关于中国特有文化的内容，如果简单而机械地译成英语，外国读者肯定会感到迷惑。此时就有必要在译文中，适当加上解释性词语，从而把该汉语词汇或短语所隐含的意思表达清楚。

例如，茅台是我爷爷的最爱。

译文：Maotai liquor is my grandpa's favorite.

解析：“茅台”是中国知名白酒品牌，这里其实具体指的是“茅台酒”。考虑到多数外国人并不知道这是一种酒，所以这里有必要添加“liquor”一词，予以说明。

(4) 增加表并列与从属关系的关联词。汉语复句之中，各分句之间的关联词常可不用，因为其前后的逻辑关系往往暗含其中。而译成英语时，则必须把这些关联词补充进去。

第一，增加并列连词。

例如，她瘦弱憔悴。

译文：She is scraggy and haggard.

第二，增加从属连词。

首先，增加表示因果的从属连词。

例如，他没有看过校长讲话的文本，不愿加以发挥。

译文：He declined to amplify on the principal's statement，since he had not read the text./He had not read the text of the principal's statement，so he declined to amplify on it.

其次，增加表示条件的从属连词。

例如，你不参加这个比赛，那我也不参加。

译文：I won't participate in the contest if you don't.

最后，增加表示时间的从属连词。

例如，你明天去购物，帮我把这封信寄了吧。

译文：Please post the letter for me when you go shopping tomorrow.

(5) 增加汉语中省略而英语中必用的介词。

例如，她白天在餐厅工作，晚上在酒吧当女招待。

译文：She works at a restaurant during the day and as a waitress at a bar at night.

3. **省略法**

把汉语译成英语时，有些词汇和短语可以省略不译出，以使英语译文更加简洁、流畅、地道。但是，使用省略法的前提是保持原文的意思不变，省略绝不等于漏译。

(1) 省略汉语范畴词。许多汉语的名词性短语善用范畴词，而英语却相应地多用概括能力强、词义范围宽的抽象词。因此要将汉语翻译成地道的英语，一般应将汉语的范畴词省略不译。例如，能见度（visibility）、说服工作（persuasion）、紧急状况（emergency）、疯狂行为（madness）等。

(2) 省略汉语重复词。汉语中重复某个词汇，以达到强调等的特殊效果。但在英语中使用“重复”手段的频率远不如汉语高。因此，汉译英时，可以让重复部分只出现一次，或在第二次出现相同内容时，用代词代替，从而避免累赘。

例如，中国人民历来是勇于探索、勇于创造、勇于革命的。

译文：Chinese people have always been courageous enough to probe into things，to make inventions and to make revolution.

(3) 省略意思相同的细节描写。汉语中常连续使用几个结构相同、意思相似的并列词组来达到一定的修辞效果。将其译成英语时，一般只须译出中心意思即可。

例如，她有着沉鱼落雁之容，闭月羞花之貌。

译文：Her beauty would put the flowers to shame.

(4) 省略汉语语气助词。汉语中常使用语气词“吗、呢、呀、啊”等来表达说话者疑问、惊讶、感慨等语气，译成英语时，常可省略。

例如，类人猿能掌握类似于人类的语言吗？

译文：Can an ape master anything like human language?

4. 具体法

汉语原文中有些用词比较抽象或含义比较模糊，翻译时把这些词语加以具体化，以使英语译文更加形象生动，同时也能帮助读者理解其中的深意。

例如，他另有企图。

译文：He has an ax to grind.

5. 抽象法

部分汉语的词汇或成语非常形象具体，但在英语中没有语义和形象完全与之对应的短语。若按照字面意思生硬地直译过来，读者或会感到非常费解。因此，译者不妨把这个“具象”的词汇或成语“抽象化”翻译，以使英语译文自然流畅，也能帮助读者领会其隐含的意思。

例如，流利的英语是她进入这家合资企业的敲门砖。

译文：Fluent English is her entree to this joint venture.

6. 词性转化法

汉语和英语在某些词性的使用频率上习惯不同。一般而言，汉语是偏“动态”的语言，其动词的使用频率较高，连动式和兼语式等结构也常出现，英语是偏“静态”的语言，相对而言，名词和介词的使用频度较高。因此，把一些汉语动词译成英语时，须按照英语的表达习惯，适当改变动词的词性。其他词性的汉语词汇译成英语时，有时也须转换词性翻译，以使译文更为地道。

(1) 依据动词转换为英语名词。

例如，采用这种新装置可以大提高效率。

译文：The adoption of this new device will greatly improve the efficiency.

（2）依据动词加副词转换为英语形容词加名词。

例如，物价上涨得那么快，老百姓简直难以应付。

译文：Ordinary people simply cannot cope with such sharp rises in prices.

（3）依据动词转换为英语副词。

例如，他打开窗户，让新鲜空气进来。

译文：He opened the window to let fresh air in.

（4）依据动词转换为英语介词。

例如，老师捧着试卷走进了教室。

译文：The teacher entered the classroom with the examination papers in her arms.

（5）依据形容词转换为英语动词。

例如，听到敲门声，帕克很紧张。

译文：Parker tensed at the soft knock.

（6）依据名词转换为英语动词。

例如，女神黛丝是正义的化身。

译文：The goddess Dice personifies justice.

（7）依据名词转换为英语形容词。

例如，这名伤者被迅速送往医院。

译文：The injured was quickly sent to the hospital.（名词—形容词）

（8）依据名词转换为英语副词。

例如，严格的训练使他们身心疲惫。

译文：The strict training made them tired，both physically and mentally.（名词—副词）

7. 加注法

汉语中许多词汇具有本族特有的丰富文化内涵。译成英语时，仅用增词法还不足以把相关的文化背景介绍清楚，此时，须借助详细注释，帮助读者明白汉语句子的真实含义及其相关文化背景。

例如，佛跳墙是一道福州传统名菜。

译文：Buddha Jumping over the Wall（Stewed Shark Fins with Assorted Seafood）is a famous traditional dish in Fuzhou.

Note：It is a name after a legend saying that even Buddha could not resist the temptation of the dish and jumped over the wall of the temple to taste it.（注：这是一个传说的名字，据说

佛祖也抵挡不住这道菜的诱惑，跳过寺庙的墙去品尝。)

8. **视角转换法**

有些汉语词汇在英语中找不到对应的词汇，这时就需要转换一下视角以寻找到翻译的突破口。此外，根据汉语和英语各自的表达习惯，有时需要把从正面表述的汉语翻译成从反面表述的英语，或者把从反面表达的汉语翻译成从正面表达的英语，类似于英译汉中的正反译法。

例如，她们虽是妯娌，但关系却不太好。

译文：Although their husbands are brothers，they are not on good terms with each other.

9. **结构调整法**

（1）名词前有多个形容词修饰时，形容词在汉语和英语中的位置不同。因此，在汉译英时，要根据英语习惯改变这些形容词的前后次序。

例如，这本书介绍了优秀的德国现代建筑。

译文：This book gives an introduction of outstanding modern German architecture.

（2）汉语常把表示时间、地点等的定语置于被修饰名词之前，译成英语时，一般要把这种定语后置。

例如，他没有出席上个星期的会议。

译文：He didn't attend the meeting last week.

二、英语翻译中的语句元素

（一）语句的翻译类别

英语文体各异，句型复杂，长句的出现频率高，逻辑性强，给译者增添了许多困难。英语语言具有“形合”的特点，无论多长、多么复杂的结构，都是由一些基本的成分组成的。译者先要找出句子的主干结构，弄清楚句子的主语、谓语和宾语，然后再分析从句和短句的功能，分析句子中是否有固定搭配、插入语等其他成分。最后，再按照汉语的特点和表达方式组织译文，这样就能保证对句子的正确理解。

1. **英汉语句种类与类型**

英汉两种语言中的句子种类及类型有同有异，具体如下：

（1）英语句子种类及类型。句子是按语法规律构成的语言单位，用以表达一个完整的、独立的意思。句子是构成篇章的基本单位。句子的种类一般是按使用目的划分的，主要有陈述句、疑问句、祈使句和感叹句。句子的类型是按结构划分的，可大体分为简单句、并列句和复合句三种。

(2) 汉语句子种类及类型。汉语的句子有单、复句之分。单句可以从不同的角度来分类。从句子所表达的内容和句子的语气来看，单句可以分为陈述句、疑问句、祈使句和感叹句四类。从句子的语法结构来看，单句又可分为完全句、省略句、无主句和独语句四类。复句是由两个或两个以上在意义上有某种联系的单句合起来构成的比较复杂的句子。构成复句的单句叫分句，这些分句必须有一定的联系，这种联系可以用语序或关联词语来表示。

复句的结构比单句复杂，意义和容量也较大。复句的类型是依据分句之间意义上的不同来划分的，一般分为联合复句和偏正复句两大类。联合复句各个分句意义上的联系是平行的，可用来表示并列关系、递进关系、承接关系、选择关系和取舍关系等。

偏正复句各个分句意义上的联系是有主次之分的，表示主要意义的分句叫作正句，表示次要意义的分句叫偏句，通常偏句在前，正句在后。偏正复句按偏句和正句之间意义上联系的不同可以分转折复句、条件复句、假设复句、因果复句、目的复句等。

2. 定语从句

英语中，定语从句分为限制性从句与非限制性从句两种，在句中的位置一般是在其所修饰的先行词后面。限制性定语从句与非限制性定语从句的区别主要在于限制意义的大小。而汉语中定语作为修饰语通常在其所修饰的词前面，并且没有限制意义的大小之分，因此，限制与非限制在翻译中并不起十分重要的作用。英语中多用结构复杂的定语从句，而汉语中修饰语不宜臃肿，所以，在翻译定语从句时，一定要考虑到汉语的表达习惯。例如，英语的定语从句太长，无论是限制性的还是非限制性的，都不宜译成汉语中的定语，而应用其他方法处理。英语中单个词作定语时，除少数情况外，一般都放在中心词前面；而较长的定语如词组、介词短语、从句作定语时，则一般放在中心词后面。在了解英汉两种语言差异的基础上，以下探讨适合商务句子的翻译方法。

(1) 前置法翻译。前置法即在英译汉时把定语从句放到所修饰的先行词前面，可以用“的”来连接。既然定语从句的意义是作定语修饰语，那么在翻译的时候，通常把较短的定语从句译成带“的”的前置定语，放在定语从句的先行词前面。前置法比较适合翻译结构和意义较为简单的限制性定语从句，一些较短的具有描述性的非限制性定语从句也可采用前置法，但不如限制性定语从句使用得普遍。

(2) 后置法翻译。后置法即在英译汉时把定语从句放在所修饰的先行词后面，翻译文并列分句。英语的定语从句结构比较复杂，如果译成汉语时把它放在其修饰的先行词前面，则无法叙述清楚。这时，可以把定语从句放在先行词后面，译成并列分句，重复或者省略关系代词所代表的含义，有时还可以完全脱离主句而独立成句。

（3）融合法翻译。融合法即把主句和定语从句融合成一个简单句，其中的定语从句译成单句中的谓语部分。由于限制性定语从句与主句关系较紧密，所以，融合法多用于翻译限制性定语从句，尤其是“there be”结构带有定语从句的句型。

（4）状译法翻译。英语的定语从句与汉语中的定语还有一个不同的地方，即英语中有些定语从句和主句关系不密切，它从语法上看是修饰定语从句的先行词的，但限制作用不强，实际上是修饰主句的谓语或全句，起状语的作用。换言之，有些定语从句兼有状语从句的功能，在意义上与主句有状语关系，表明原因、结果、目的、让步、假设等关系。在这种情况下，需要灵活处理，在准确理解英语原文的基础上，弄清楚逻辑关系，然后把英语中的这些定语从句，翻译成各种相应的分句。因此，应视情况将其翻译成相应的状语从句，从而更清晰明确地传达出原文中的逻辑关系。

由此可见，语言的表达是灵活的。英语中的定语从句应根据原文的文体风格、原文的内容、上下文的内在逻辑关系灵活处理。在翻译一个句子，特别是当原作语言和译作语言在语法结构和语义结构上差异较大时，要经过一个分析、转换和重组的过程。理想的翻译结果是在重组的过程中，两种语言的信息能产生共同的语义结构，并达到概念等值，最终使译文的读者对译文信息的反应与原文的读者对原文信息的反应趋于一致。

3. 状语从句

英语的状语从句在句中可以表示时间、地点、原因、条件、让步、方式、比较、目的和结果等意义。表示不同意义的状语从句在句中分别由不同的从属连词引导。英汉语言中状语从句位置不同。英语中状语从句一般处在宾语后的句尾，即主+谓+宾+状，但有时也出现在句首。汉语中状语的位置比较固定，位于主谓语中间，即主+状+谓+宾，或者为了表示强调，状语位于主语之前。因此，人们在进行英译汉翻译时要遵循汉语的表达习惯，相应进行语序的调整，不能过分受制于原文的语序和结构。

（二）语句的翻译技巧

在了解掌握了汉译英中词（组）的翻译方法之后，就要应对句子的翻译。要将汉语句子译成通顺、地道的英语句子，译者需要采用适当的句子翻译技巧和方法，以妥善处理不同类型的句子，这些技巧和方法主要包括合句法、分句法和变序法等。

1. 合句法

合句法主要是将汉语复句译成结构紧凑偏正的英语句。汉语各句子或分句之间主要凭借语义逻辑维系，而其语法逻辑关系似乎不甚清晰，句子结构在形式上比较松散。因此，把汉语句翻译成英语时，需要首先分析汉语复句的各句子或分句之间内在的逻辑关系，确定其主句和分句，再通过使用介词短语、从句等手段把它译成地道的英语句子。

例如，在保险期限内，被保险人应采取一切合理的预防措施，包括认真考虑并付诸实施本公司代表提出的合理的建议。由此产生的一切费用，均由被保险人承担。

译文：During the period of this insurance, the Insured shall at his own expense take all reasonable precautions, including paying sufficient attention to and putting into practice the reasonable recommendations of the Company.

解析：第二个汉语句子在译成英语时作为一个介词短语融入了第一句中，这种处理使英语句子的译文更加简明扼要。

译者的英语水平越高，就越有可能自如地通过介词短语、动词的非谓语形式（包括独立主格结构）、从句以及插入语等手段，把连接关系相当松散的汉语复句，译成语法逻辑关系清晰、结构层次分明的英语句式，既符合英语的表达习惯，又能有效表达句子的含义。

2. 分句法

分句法主要是将汉语长句有机拆译。汉语的句子只要意思连贯，其形式往往呈松散铺排，并无太多语法逻辑的拘泥。汉语句子可以很长，且一个复句中有时可有多个主语。反之，英语则是结构分明、逻辑性很强的语言。有鉴于此，译者有时会发觉难以把一个汉语长句的全部内容浓缩于一个英语句中。此时，译者须根据汉语原文的内在逻辑关系，对整个汉语长句进行划分，有机拆开，予以分译，译成两句或两句以上的英语复句。这种翻译方法就是“分句法”。

例如，东方明珠电视塔位于浦东的陆家嘴，电视塔与其东北面的杨浦大桥和西南面的南浦大桥共同构成了一幅“双龙戏珠”的画面，这整幅摄影的经典构图总在激发着人们的想象，全年吸引着数以千计的游客。

译文一：Located in Lujiazui in Pudong area, the Oriental Pearl TV tower, together with the Yangpu Bridge in the northeast and the Nanpu Bridge in the southwest, creates a picture of “twin dragons playing with pearls” . The entire scene is a photographic jewel that always arouses the imagination and attracts thousands of visitors year-round. （译成两句）

译文二：The Oriental Pearl TV Tower is located in Lujiazui in Pudong area. The tower, surrounded by the Yangpu Bridge in the northeast and the Nanpu Bridge in the southwest, creates a picture of “twin dragons playing with a pearl” . The entire scene is a photographic jewel that always arouses the imagination and attracts thousands of visitors year-round. （译成三句）

解析：首先分析此汉语长句的内在语义逻辑关系，可以对此句作如下划分：

东方明珠电视塔位于浦东的陆家嘴，| 电视塔与其东北面的杨浦大桥和西南面的南浦大桥共同构成了一幅“双龙戏珠”的画面，| 这整幅摄影的经典构图总在激发着人们的想象，| 全年吸引着成千上万的游客。

显然，第一个分句讲述东方明珠电视塔的地理位置，第二个分句讲述它与环境构成“双龙戏珠”的画面，所以前两句为一层意思。而第三个分句则是讲述这幅经典画面对人产生的影响力，第四分句具体说明其影响力，所以后两句为一层意思。译成英语时可将汉语原文拆分为二至三个句子，分别翻译，使其条理清晰。

3. **变序法**

变序法主要是按汉英表达顺序不同而灵活采用。例如，汉语与英语的表达顺序不同。汉语中各分句的先后顺序往往是按照事件发生的时间先后，或先因后果，或先条件后结果，或先事实后结论等顺序来排列。反之，英语句子的排列顺序则相对要灵活得多。所以汉译英时，可按实际情况或出于某种修辞手段之目的，有意识地改变原句中部分语法结构的语序，乃至全句和各分句之间的语序，以灵活表达原句之意，达到符合英语表述习惯之目的。“变序法”一般有下列情况：

（1）时间、地点、方式等状语的变序。汉语中往往把表示时间、地点、方式等的状语前置，而英语中状语的位置相对比较灵活，状语的位置可前可后。所以，进行汉译英时，经常需要使用“变序法”。

（2）句子语态转换时的变序。“变序法”还涉及句子语态转换问题。众所周知，汉语中被动语态的使用频率不是很高，因为汉语常使用主动句式来表达被动含义。较之于汉语，英语中被动语态的使用频率就高得多，因为欧美人惯于使用被动句式以示客观。此外，在不少情况下，汉语语法允许汉语句式为无主句。然而，译者在翻译汉语无主句时，一般可适当地补充句子主语，或可将句子译成被动句。

总而言之，由于汉语和英语在语法和表达习惯方面甚有差异，所以译者在把汉语词语译成符合英语语法和表述习惯的英语译文时，需要使用增词法、省略法、具体法、抽象法、词性转化法、视角转换法、结构调整法、归化法以及加注法等翻译技巧。在把句子和文章译成英语时，需要合理使用合句法、分句法、变序法等技巧，灵活处理句子结构，使句子表达符合欧美人的说话习惯，同时使句子逻辑清晰严密，突出主题思想。译者唯有掌握了上述技巧，凭借着良好的英语语言基础包括句法和语法的概念，再加上丰富的英语词汇量，才能自如地进行难度较高的汉译英翻译活动。

三、英语翻译中的语篇元素

句子是语法分析的理想单位，但在运用语言进行实际交往中，语言的基本单位则是语篇。语篇是由句子组建而成的，它是人们运用语言符号进行交往的意义单位，故可长可短。译者一定要把握好对语篇的翻译。

语篇是高于句子的语言层面，能独立完成某种特定交际功能的语言单位。语篇是语言结构和翻译的最大单位。语篇可以对话形式出现，也可以独白形式出现；可以是众人随意交谈，也可以是挖空心思地诗作或精心布局的小说或故事。语篇并不一定就是一大段话，只要是表达了一个完整的意思，那么一个词语也可以称为语篇。“基于语篇语言学的语篇翻译为翻译研究开拓了新途径，语篇翻译把语篇作为翻译的基本单位，不再仅仅拘泥于语言形式。”①

（一）英汉的语篇结构

语篇结构是某一特定文化中组句成篇的特定方式，是一种约定俗成的、相对稳定的语言使用习惯，是文化因素在语言运用过程中长期积淀的结果。语篇是由段落组成的，段落是由句子组成的。语篇要求内容一致、意义连贯，要求用有效的手段将句子、句群、段落连成一个有机的整体。

与句子相比，篇章具有自己的特点。不是一连串孤立句子的简单组合，而是一个语义上的整体。从语言形式上看，篇内各句、段之间存在着粘连性，如连接、替代、省略、照应；从语义逻辑上看，全篇通常有首有尾，各句段所反映的概念或命题具有连续性，而不是各不相关。每个句子都起着一定的承前启后的作用，句与句、段与段的排列一般都符合逻辑顺序。

1. 英语的语篇结构

英语语篇一般是由几个相互关联的段落组成的，每一段阐述一个要点。文章结构具有系统性、严密性的特点。一篇结构完整、脉络清晰的文章应具有三个主要的组成部分：引言段、正文和结尾段。

（1）引言段。引言段位于文章的开头，其最基本的作用是引导读者阅读文章的其余部分。引言在全篇文章中所占的比例较小，用于说明文章讨论的是哪些问题，将要谈哪些问题等。引言段一般包括两部分：概括性的阐述和主题的阐述。概括性的阐述是指引出文章的主题，简要提供有关主题的背景信息，以引起读者的注意，便于读者了解文章论题的由来，对文章的意图和意义产生兴趣。文章主题的阐述就像段落的主题句一样，阐明文章的主题。它包含了正文具体论述扩充的内容，同时也表明作者的态度、意见、观点。与段落主题句相比，主题的阐述更为宽阔，它表达整篇文章的中心思想，并可能表明整篇文章的

---

① 荣子英．语篇翻译探析［J］．考试周刊，2014（62）：27.

组织构思方法。主题阐述常位于引言段的结尾处。

（2）正文。文章的正文也称主体，是文章的核心，位于引言段之后。正文一般由一个或多个段落组成，在文中占较大篇幅。作者在正文的写作中围绕引言部分所提出的主题，选用相关细节和事实依据说明和解释主题并深化主题，使主题思想得到升华。主题一般由若干个次主题组成，每个段落阐述一个次主题，所以正文中段落的数目一般由次主题的数目决定。正文部分实际上就是通过对次主题的逐一论证达到对主题的论证的。正文部分的逻辑性，如正文内容的安排顺序和层序等，都是依据主题对各个次主题的统率，次主题对事实、数据、细节的统率体现出来的。

（3）结尾段。结尾段位于文章的末尾，是整篇文章不可缺少的组成部分，是要点总结。它总结归纳文章正文阐述的观点，并重申主题，与引言段首尾呼应。由于这是作者展示论点的最后机会，所以，结尾段应该警策有力而又耐人寻味。

英语语篇思维模式的特点是：先总括，后细节；先抽象，后具体；先综合，后分析。作者直截了当地声明论点，然后逐渐地、有层次地展开阐述，非常注重组织、注重理性。

2. 汉语的语篇结构

汉语语篇的思维模式既包括英语语篇的思维模式，又具有自己的独到之处。总体而言，它是比较灵活的，其论点的提出取决于文章思路的安排，也就是说，可根据文章的内容、性质和论证的方式与方法等因素在最恰当的地方提出论点。根据论点在文章中的位置，汉语语篇模式可分为文首点题、文中点题和文尾点题等。

（二）语篇分析的运用

语篇分析被广泛用于社会语言学、语言哲学、语用学、符号学、语篇语言学等领域。自从翻译界将“语篇分析”放到翻译学科，翻译界对“上下文”的认识有了一个飞跃，从感性上升到理性，从经验上升到理论。掌握了“语篇分析”理论，译者就能在跋涉译林时，既看到树木，也看到整片森林；就能将原文的词、句、段置于语篇的整体中去理解、去翻译。这样，译文的整体质量就有了很大的提高。语篇分析的基本内容包括衔接手段、连贯、影响语篇连贯的因素，其中对译者而言，最为重要的是衔接与连贯。

句子或句群不是杂乱无章地堆砌在一起构成段落与篇章，反之，它们总是依照话题之间的连贯性和话题展开的可能性，有规律地从一个话题过渡到另一个话题的。篇章的存在要求其外在形式和内在逻辑，即衔接和连贯具有一致性。作为语言实体，段落与篇章在语义上必须是连贯的，而连贯性在很大程度上需要靠语内衔接来实现。连贯是首要的，衔接要为连贯服务。翻译工作者为了使译文准确、通顺，就必须处理好衔接与连贯的问题。在英译汉实践中，译者应该先了解作者怎样运用衔接手段，来达到连贯目的，然后根据英汉两种语言，在形式与逻辑表达上的差别通权达变。

1. 语篇之间的衔接

衔接是篇章语言学的重要术语，是语段、语篇的重要特征，也是语篇翻译中的一个重要环节。衔接的优劣，关系到话语题旨或信息是否被读者理解和接受。所谓语篇衔接，就是使用一定的语言手段，使一段话中各部分在语法或词汇方面有联系，使句与句之间在词法和句法上联系起来。

句组中的各个句子之间、句组与句组之间，需用不同的衔接手段来体现语篇结构上的黏着性和意义上的连贯性。语篇的衔接手段大体可分为词汇手段、语法手段两大类。

（1）语篇的词汇手段。语篇的连贯可以通过词汇衔接手段予以实现。英语词汇衔接关系可分为两类：同现关系和复现关系。此外，运用逻辑连接法也可实现语篇的连贯。

第一，词语之间的同现关系。同现关系指的是词语在语篇中同时出现的倾向性或可能性。一些属于同一个“词汇套”或同一个“词汇链”的词一起出现在语篇中，衔接上下文。例如，thirsty 一词常会使人们联想到 drink，water，soda water 等词，这些词可能会在语篇中同时与 thirsty 一词出现。除了这种词，反义词也常用来构成词语之间的同现关系。反义词的两极之间可以存在不同程度或性质的词语，如在 hot 和 cold 之间尚有 warm，tepid，lukewarm，cool 等词。

第二，词语之间的复现关系。复现关系主要是通过反复使用关键词、同义词、近义词、上义词、下义词、概括词等手段体现的。词语的不同复现手段往往能显示不同的文体或风格特征。

第三，运用逻辑连接语。逻辑连接语（logical connectors）指的是表示各种逻辑意义的词、短语或分句，包括五个方面：①表句子之间（含句组之间）的时间关系的逻辑连接语；②表句子之间的因果和推论关系的逻辑连接语，如 consequently，so，otherwise 等；③表示附加关系的逻辑连接语，如 by the way，in other words，for instance 等；④表示句子之间的转折和对比关系的逻辑连接语，如 however，but，yet 等；⑤表示位置、方向和地点等意义的逻辑连接语，如 over，here，there 等。

（2）语篇的语法手段。句子或句组之间的衔接可以通过语法手段予以实现。其中较为常见的语法手段有以下几个方面：

第一，动词的时、体变化。动词的时和体可以在句子中起到衔接的作用。

例如，The boy stopped running. He saw his mother.

译文：那个男孩停止跑动，他看到了他的母亲。

从动词的时、体变化角度可看出，例句中两句之间，存在动作发生的时间顺序关系。

第二，照应。照应指的是词语与其所指对象之间的关系。在语篇中，如果对于一个词语的解释不能从词语本身获得，而必须从该词语所指的对象中寻求答案，就产生了照应关系。因此，照应是一种语义关系，是表示语义关系的一种语法手段，也是帮助语篇实现其结构上的衔接和语义上的连贯的一种主要手段。照应关系可分为两种类型：语内照应和语外照应。语内照应又可分为两种情况：一种是“上指”（亦称“反指”），即用一个词或词组替代上文中提到的另一个词或词组；另一种情况是“下指”（亦称“预指”），即用一个词或短语来指下文中即将出现的另一个词、短语乃至句子。语外照应是指在语篇中找不到所指对象的照应关系。

第三，替代。替代是一种既可避免重复又能连接上下文的手段，指的是用代替形式来取代上文中的某一成分。替代是一种语法关系，与照应表达对等关系不同，它表达的是一种同类关系。在语篇中，替代形式的意义必须从所替代的成分那里去查找，因而替代是一种重要的衔接语篇的手段。替代可分为名词性替代、动词性替代和分句性替代等多种形式。与英语相比，汉语中替代手段使用的频率较低，汉语往往使用原词复现的方式来达到语篇的衔接与连贯。英语可以用代词 so，do，do the same 等替代形式来替代与上文重复的成分，形成衔接。但是汉语没有类似的替代形式，通常需要用词义重复来连接。因此，译者在翻译时应注意英、汉语的不同表达习惯。

第四，省略。省略指的是把语言结构中的某个成分省去不提。句中的省略成分通常都可以从语境中找到，这样句与句之间就形成了连接关系。同替代一样，省略的使用也是为了避免重复，突出主要信息，衔接上下文。作为一种修辞方式，它符合语言使用的经济原则。省略可看作一种特殊的替代——零替代。省略是一种重要的语篇衔接手段。省略也可分为名词性省略、动词性省略和分句性省略。相比较而言，英语的省略现象比汉语要多一些。因为英语的省略多数伴随着形态或形式上的标记，不容易引起歧义。

第五，连接。连接是表示各种逻辑意义的连接手段，连接词又称“逻辑联系语”。连接词既可以是连词，也可以是具有连接意义的副词、介词及短语，还可以是分句。连接关系是通过连接词以及一些副词或词组实现的。连接词在语篇中具有专业化的衔接功能，表明句子间的语义关系，通过前句可从逻辑上预见后句的语义。通过使用各种连接词语，句子间的语义逻辑关系可以明确表示出来。

语篇中的连接成分是具有明确含义的词语。通过这类连接性词语，人们可以了解句子之间的语义联系，并且可以根据前句预见后续句的语义。连接词语按其功能分为五种类型，即添加、递进、转折、因果、时序，这四种连接词的类型可分别由 and，but，so，then 这四个简单连词来表达，它们以简单的形态代表这四种关系。

2. 语篇之间的连贯

语篇既然是语义单位，那么能够称作“语篇”的语言实体必须在语义上是连贯的。语义连贯是构成话语的重要标志。衔接是通过词汇或语法手段使文脉贯通，而连贯是指以信息发出者和接受者双方共同了解的情景为基础，通过逻辑推理来达到语义的连贯。如果衔接是篇章的有形网络，那么连贯则是篇章的无形网络。译者只有理解看似相互独立、实为相互照应的句内、句间或段间关系并加以充分表达，才能传达原作的题旨和功能。

语篇中句子的排列如果违反逻辑就会对句与句之间语义的连贯产生影响。有时候，说话的前提以及发话者、受话者之间的共有知识也会影响到语义的连贯。语篇的连贯性主要取决于读者的联想和想象。

3. 衔接与连贯的关联

在进行英汉段落与篇章翻译时，语篇的“衔接”与“连贯”是必须考虑的两大要素。衔接是一个语义概念，它是存在于语篇中的，并使语篇得以存在的语言成分之间的语义关系。衔接是语言机制的一部分，它的作用在于运用照应、省略、替代、连接和词汇衔接等手段使各个语言成分成为整体。语篇衔接手段主要有语法衔接和词汇衔接。在语篇中，语法手段的使用可以起到连句成篇的作用。语篇衔接手段能使语篇结构紧密，逻辑清晰，更好地实现语义的连贯。

连贯是篇章体现为一个整体而不是一串不相关语句的程度。连贯对于篇章是一个有意义的整体，而非无意义堆砌的一种感觉。衔接是一种篇章特点，连贯是一个读者对于篇章方面的评价。语篇的连贯性应该经受住对语句的语义连接及语用环境的逻辑推理，所以，语篇连贯不仅包括语篇内部意义的衔接，还包括语篇与语境的衔接。连贯语篇的基本标准，是其意义形成一个整体，并与语境相关联。

衔接是客观的，从理论上讲能够被轻易识别；而连贯是主观的，对篇章中连贯程度的评价将因读者不同而不同。衔接的前提是思维的逻辑性、连贯性，而连贯是交际成功的重要保证。衔接是篇章的外在形式，连贯是篇章的内在逻辑联系。衔接是语篇的有形网络，是语篇表层结构形式之间的语义关系；连贯是语篇的无形网络，是语篇深层的语义或功能连接关系。

四、英语翻译中的修辞格元素

（一）修辞格的基本特征

第一，描述体描述对象体。所谓描述体是对对象体表示形象的修辞体，而对象体是被描述的对象。

第二，换代体换代本事体。所谓换代体是一种从正面、侧面、反面临时换代本事体的修辞体；而本事体是固有的、隐而未说的，与换代体在内容上相同的修辞体。

第三，引导体引导随从体。所谓引导体是指两个或两个以上的修辞语句的先行语句，而随从体是引导体的随从，受引导体的引导和支配。换言之，就是引导体怎么引导，随从体就怎么随从。

第四，变形体变形原形体。所谓变形体是通过增加或减少等手段，对原形给以结构形式的变化。不是变得面目全非，而是对原形体给以全部、部分形式的保留。而原形体是指原有语句结构未经任何改变的修辞体。

（二）修辞格的具体运用

1. 比喻与比拟的运用

（1）比喻。比喻分为明喻、暗喻和借喻，由三个要素组成：本体，指被比较的事物；喻体，指用来做比较的事物；喻词，指连接本体与喻体的词。明喻就是两者之间存在着明显的比喻，用“像，好像，仿佛，像……一样”等来表示。暗喻就是两者之间的关系不太明显，看不出是在打比方，而实际上是在打比方，常用“是，就是，等于”等词来表示。借喻是用喻体来比喻。英语修辞中的称谓与汉语的略有不同，不能完全一对一地对照着使用，英语的明喻与汉语的明喻基本相同，都是用某一事物或情境去比喻另一事物或情境，在英语的明喻构成中，有三个要素是缺一不可的，即本体、喻体、喻词。英语的喻词用 as、like、as…as…等。例如，as gay as a lark/bird 像百灵鸟一样快活、as suddenas an April shower 像四的阵雨一样突然。

但英语里的 metaphor（隐喻）则兼有汉语中的暗喻和借喻的特点，即均将甲物当作乙物来比喻，表达方式为甲是乙。例如，a rat leaving a sinking ship 不能共患难的人、a rat in a hole 瓮中之鳖、keep the wolf from the door 免于饥饿等。

（2）比拟。比拟分为拟人与拟物两种。拟人是将人以外的事物当作人去写的手法；而拟物则相反，是将人作为物或把一种事物当作另一种事物的手法。

英语中的拟人与汉语的拟人相同，都是将事物赋予人的动作、言行、思想及情感。但英语中的拟物是通过象征来表现的。

例如，田里现在还只有干裂的泥块，这一带，现在是桑树的势力。

译文：The planted fields as yet were only cracked clods of dry earth; the mulberry trees reigned supreme here this time of the year.（拟人）

2. 借代与夸张的运用

（1）借代。借代就是借那些与人或事物有密切联系的事物来代人或事物的一种修辞手法。由于借代在代表某类人和事物时具有独特的或明显的或典型的特征，故一提到这类人或事物时人们就很自然地联想到它所指代的另一类人或事物。英语中表示借代修辞的方法通常通过换喻或举隅法、提喻法。

例如，The pot should not call the kettle black if it's got soot itself，you know！

译文：要正经除非自己锅底没有黑。

此句用“锅底”代历史行为，用“黑”代污点。

（2）夸张。夸张是指对事物的全部或部分进行过分的、言过其实的描述。这样做是为了突出或夸大某事物以吸引对方或炫耀自己。当然夸张不只是一味地夸大，也有相反的情况，对某事进行缩小的描述。英语的夸张与汉语的夸张意义相同，都是突出事物的本质以给人留下深刻印象。

例如，叶子和花仿佛在牛乳中洗过一样。(朱自清《荷塘月色》)

译文：The lotus leaves and flowers seem to be washed milked.

用“牛乳”来夸张，叶子和花不是在一般的水中洗过，而是在牛乳中洗过，以此来增强读者对月色下荷塘里的叶子和花的感受与印象。

3. 对比与反语的运用

（1）对比。对比是通过语言将客观事物中的相互对立的矛盾体、对立面再现的过程。恰到好处地运用对比修辞的手法能增强文章的色彩，在对比中突出事物的特征、本质。英语中的对比，其特征也是将两个正反方面或一个事物相互对立的方面放到一起描述的过程，要求作者在运用此修辞时，应遵循对立对仗等特征，增进文章的华彩。

（2）反语。反语就是用意义完全相反的词语去表达原本想表达的意思。此修辞格在中英两种语言文化中意义相同。人们通常采用正话反说，或反话正说，不过，英语的反语比汉语的含义要广些，这是因为英语里除了人们常用的语言反语，还包括戏剧反语和情景反语，而它们是戏剧表演上的反语修辞，已超出人们所谈的修辞格范围。英语中的反语运用需要读者根据上下语境来进一步解读。

例如，A：The boy has broken another glass.

B：A fine thing.

译文：A：这男孩又打碎了一个杯子。

B：打得好哇。

本来这段对话中 A 说话时是带着某种埋怨并希望 B 能批评孩子，没想到 B 却反其道而行之，不但A没有得到B的响应，B反而说出A意想不到的话来。此时A并未理解B说话的意思，B是故意用反话来回应A。事实上B并不是听到A说男孩打碎杯子而真的高兴，不是真的打心里看着孩子打碎东西而快活，B只是说气话，这种气话是通过反语正说的方式来表达的。

4. 双关与婉曲的运用

（1）双关。双关是指一个词语或一句话涉及两个方面的意思，一个是表面词语的意思；另一个是其隐含的意思。运用双关修辞格的人，是以其隐含意思来展示其想表达的意思及意图，即言在此而意在彼。双关语运用恰当会使语言生动有趣。英汉语中的双关都可分为谐音双关和语义双关两种。谐音双关是将词义不同的谐音词组合在一起的修辞用法。而语义双关，就是指根据一词多义的特点而构成的双关。

（2）婉曲。婉曲也称委婉，是以转弯抹角的方式来暗示说话人原本的意思而不是直接说出事情或人物的本质。中外作家诗人在其作品中广泛使用。不同的人在使用委婉时所表达的效果是有差异的。有的人想借此增加语言的力量；有的人是为了不伤及他人或对方而采用委婉，这样对方可在一定程度上接受其观点；等等。汉语的婉曲可分为婉言和曲语，英语中的委婉语，通常是说话人不以令人尴尬的语言或粗鲁的语言，而是以含蓄的、温和的语言表达其原意。

5. 拈连与对偶的运用

（1）拈连。拈连指说话者将适用于某人的词语，顺势用在另一人身上。拈连分为全式拈连和略式拈连两种。拈连，顾名思义，就是将两件事物用拈连词语连起来。这种修辞在汉语文学作品中广泛运用，与英语轭式搭配相同。英语轭式搭配，是用一个形容词来修饰两个名词，或一个动词支配两个名词，把原本相互不关联的词语，联在一起以表示一个更深刻的含意，增强语言的感染力。

例如，He caught a cold and a bus. 在此句中，感冒与公共汽车本是不相干的两个方面，但用catch这个词便将它们串联起来，以幽默的笔触勾勒出他是个弱不禁风的人，费了好大的劲才赶上了公共汽车，但由此得了一场病。如果此句以中文的拈连法翻译的话，即"他赶上了公共汽车，所以也就赶上了一场感冒"。用"赶上"将两件事连在一起，而第二个"赶上"则是信手拈来的，表现出作者的匠心及诙谐的笔调。

从英语的词语搭配中，需要注意的是，这种搭配的特点是，动词后有两个名词，而且都搭配得顺畅，构成一种自然组合。但并非所有的组合都是这样，例如，Weeping eyes and hearts. 不能直译为"流泪的眼和心"，这时需要采用变通译法，采用并列成排比的译法比较合适，即"一双双流泪的眼睛，一颗颗哭泣的心灵"。

(2) 对偶。对偶指将意义相关、结构相同、上下字数相等的部分对称地排列在一起以表示一个完整的意思。中文里的对偶要求出句与对句要平仄相对，词性相对，上半句与下半句必须各自独立，然后形成一对平仄律，让读者读起来十分悦耳。按类型分对偶可分为正对、反对和串对。但从结构上看，它又可分为严对与宽对。英语的对偶与汉语中对偶在组词时很相似。即上下对应、字数相同、意义相对，表示一种对比或对照的关系。

例如，Man proposes，God disposes.

译文：谋事在人，成事在天。

Man 与 God 对应，propose 与 dispose 对应，字数相等。有英语的对偶句尾音节押韵或尾音相同。例如，going 与 staying，propose 与 dispose 等。

6. 排比与层递的运用

(1) 排比。排比是指将两个或两个以上的结构相同、字数大体相等、意义相近的语句用于表达相似或相关内容。排比由小到大可分为词的排比、短语的排比、句子的排比。英语的排比与汉语的排比修辞相同。其效果是给人以整齐划一的美感。

(2) 层递。层递是指采用结构相似，依轻重或大小递增或递降展现事务的过程。英语叫 climax，它是由表及里，层层深入的过程，具有紧密的逻辑关系。

7. 反复与移就的运用

(1) 反复。反复是指词语或句子的重复，其功能在于加强语气，突出内容，引起人们的关注、情感。在诗、小说、散文等体裁中广泛使用。英语的 repetition（重复）与汉语的反复相同。

(2) 移就。移就是将应该修饰一事物的词移到修饰本不该修饰的另一事物上。其特点是移来修饰事物的形容词通常是修饰人的，从而增加语言的艺术效果。

第四节　英语翻译视角下的文化渗透

一、英语翻译与文化的关系

各个民族之间由于地域、气候、历史变迁等方面的差异，其风俗习惯、政治经济也各异。各民族文化的不同直接反映在语言上，作为跨语言的翻译活动，也避免不了文化对语言的影响。翻译也是跨文化活动，翻译语言就是翻译文化。翻译是两种文化沟通的桥梁。翻译的基本技巧有：直译与意译、省略与增补、阐述与注释、分译与合译等。对翻译者而言掌握文化知识和翻译技巧是十分重要和必要的，它对保证译文的质量，促使译者忠实、准确地再现原作的思想内容和精神风貌等起着重要的作用。

在翻译过程中，文化转换是翻译很难的事。对于文化现象的翻译，有时两种文化的语言表现形式一致，可采用直译的方法。有时很相近（部分一致），可采用直译加意译的方法，或直译加注释的方法。有时对于一种事物，两种语言可用完全不同的文化现象来表达，在不影响读者理解的情况下，可采用直译，将原文文化直接转入译文。在翻译文化特质的内容时，一般情况下，只能做到译文和原文相对等值。翻译是指在译语中用最贴近、最自然的对等语再现原文的信息，首先达到语义对等，其次是达到文体对等。

另外，在体现原文的风格和文化特点方面，在不影响读者对译文的理解和欣赏的前提下，译文应尽量保存原作的风姿，达到翻译中求“信”的基本要求，使读者感觉到异国情调。翻译可真正起到文化介绍和交流的桥梁作用。

在英汉两种语言的历史发展过程中，各自不同的文化背景，导致两者在观察事物和反映客观世界的角度和方法上，有很大的差别，甚至在两种语言中，指同一事物或现象的词，在不同文化中，所引起的联想和在情感上所引起的反应也是不同的。因此，在翻译文化内涵的时候，绝对的忠实于原文是难以实现的，要把握好“归化”与“异化”的“度”。

文化特性主要体现在一些成语、谚语、习语中。文化与翻译的关系非常密切，翻译中文化内涵的处理是个复杂的问题。译者处理的是个别的词，面对的则是两个文化。作为译者，在翻译时应在了解自己民族文化的同时，深入了解外国文化，将附加在原语上的“超语言信息”，即文化信息传递过去。

文化转换与翻译等值。在翻译文化内涵的词语时要尽量做到意义等值，尽量把原文信息准确地传达给译文读者。不了解语言当中的社会文化，就无法真正掌握语言。掌握文化知识对翻译者而言是十分重要和必要的。由于文化的形成要经历一个漫长的历史过程，所以，语言的翻译也要经历一个或长或短的历史过程才能达到真正交流文化的目的，要求翻译工作者在翻译实践中不断学习，总结经验，注意文化的转换，做到两种语言的意义对等，以提高自己的翻译水平。

二、英语翻译中文化的影响

翻译是通过译者的综合整理后得出，而翻译出来的内容受译者的文化素养、知识等方面的因素影响。要求对原文全面、透彻地理解，以达到译文与原文在深层意念上的契合对应。换言之，翻译就是要最大限度地发掘译文的潜力，找出适当的表达方法，而不是将原文的表达形式强加于译文。在这个理解、发掘到表达的过程中，可以看到文化的影响。

任何作者都是在一定的历史条件下、一定的文化背景中进行创作的，因此，作者的作品不可避免地、或多或少地受到特定的历史文化背景的影响。而译者对原作的理解和阐释，必受其主观意识的思维方式的影响和制约，其中主要的影响因素，多来自时代与地域文化。译者和作者的工作形式虽然不同，但文化对两者工作的影响却是相同的。一个译者在翻译另一个与他有着完全不同文化背景的作者的作品时，要达到绝对的文化对等是很难做到的。

一个民族的思想类型也取决于语言的特性，所以，无论是哲学还是文学，由一国语言翻译到另一国语言，都很难做到完全准确。由于历史和自然环境的关系，每个地域和民族的文化倾向某方面发展，具有其独特个性，因此造就了不同的思想类型和语文类型，也造成了不同的文化背景中人的思维方式的差异。这种差异在翻译活动中必然产生影响。

作者和译者各自不同文化背景中如语言、社会、物质、生态等多方面的因素，都会不同程度地带来译作和原作之间的距离。实际上，正是译者特殊的文化背景带来翻译活动中文化信息的微妙变化。翻译过程将原语文本带离了本身的文化母体，使其异域特征在译语语境中难以整体保留，同时翻译过程帮助译语文本进入新的阐释语境，随着语言本身，译语文化的民族特征自然进入译本。

文化对译者的翻译活动的影响是一种客观存在。例如，诗歌的创作和翻译，对这类具有文化特色的作品进行翻译时，要求译者透过语言外形，体会和把握原作者的精神，然后利用目的语，再现原作的内容与形式。在这个过程中充满着主观色彩，这种主观色彩产生的本源，从根本上而言，就是译者的文化背景。可见，在翻译活动中，文化的影响是深远的、普遍的。

依据美学观点，认为文学本是一个多层面的开放式的图式结构，所以，不能产生独立的意义，其意义的实现必须通过读者的阅读使之具体化。这个具体化的过程，是依赖于读者的自我感受和知觉经验来完成的，作品中的“未定点”是要靠读者的理解才能加以确定的。作品的译者首先是作品的读者，此时译者与普通读者并无差异。作品的实际意义对译者而言，就是译者对作品的理解。这种理解显然受制于译者的知识水平、自我感受、知觉经验、思维方式，而所有这些因素，无一不渗透了特定文化的影响。译者便是在这样一种理解的基础上进行翻译活动的。

翻译等效论认为翻译的目的将在很大程度上决定文化对等的取舍和如何取得文化对等。换言之，翻译的目的、文化的需要，直接关系到翻译活动。通常译者在选择原语作品时，要考虑其可读性。选定之后，还须考虑原作所要针对的读者群的特点，包括他们的知识水平、社会背景以及文化需要。在这些基础上，译者才能够开始翻译工作。

翻译承担着沟通不同文化的任务，而不同的文化对翻译活动是有着特殊的影响和制约作用的。当探讨作家、作品时，也要探讨其文化背景。同样，当探讨译者、译本时，也一定要探讨其中的文化因素，因为翻译活动其实是一种文化活动。对于译者而言，双文化能力与双语能力同等重要。译者的工作不仅在于实现语言的转换，更在于实现文化的传播和沟通，进而带来文化的发展。

第二章　英语翻译中的文化趋同与传递

第一节　英语翻译与文化趋同的使命

一、文化趋同的各种方面

（一）在生活方面的文化趋同

在文化趋同的过程中，文化的交流总是双向的。西方文化的价值观念、生活方式等广泛影响着我国社会生活的各个领域，文化趋同现象随处可见。穿西装、系领带已习以为常；人们对于“股票”“证券”“刷卡”已不陌生；过圣诞节、情人节、愚人节已不新鲜等。自实行五天工作制以来，周末的概念已与西方相吻合。然而，随着我国科学技术的快速发展和综合国力的明显增强，中华文化对西方文化乃至世界文化的影响越来越大，比较明显的现象主要反映在中华文化的词汇越来越多地融入西方和世界文化语言之中。富有中国民族文化特色的针灸疗法和中草药也受到越来越多的西方人士的欢迎。外国人来中国学习气功、打太极拳、唱京剧，不少西方人士节假日到中国餐馆学习使用筷子，品尝中国传统食品等。这些都表明中西文化正处于不断相互影响、渗透和趋同的过程中。

（二）在语言方面的文化趋同

随着不同民族的交往日益加深，语言间的相互影响也会不断加深。不同文化的交流和趋同必然首先反映在语言的融合趋势上。语言融合指的是一种语言排挤并代替另一种语言并成为不同民族之间的共同交际工具。

1. 语言的输入输出

语言是文化的载体和交流的工具，语言反映文化。不同文化的交流和趋同必然首先反映在语言的融合趋势上，语言的融合又必然首先体现在语言的词汇层次上。通过译入新词术语来介绍和传播异族文化，通过对这些新词术语的长期而广泛的使用，将其逐渐融入本族语言的词汇中，从而成为本族主流文化的有机组成部分，将会大大丰富和发展本族文化。

通过介绍和传播民族（外来）文化，大量的带有洋味儿的词语逐渐渗入中华文化之中，如逻辑（logic）、幽默（humor）等。这些词语已成为汉语词汇的有机组成部分。随着中西方文化多方位、多渠道的接触和交流，反映当代西方文化的名词术语更是大量地涌入中华文化和汉语语言中，成为人们日常生活中的常用词汇。例如，绿色食品（green food）、白色污染（white pollution）、快餐（fast food）等。尤其是反映西方发达国家科学技术新成果的词汇更是层出不穷，令人目不暇接。例如，信息技术，电脑（computer）、因特网（internet）、电子邮件（E-mail）、电子商务（E-commerce）等词语，从一个侧面反映了一个时代的来临，也直接印证了中西方文化的趋同趋势。在文化趋同的过程中，文化的交流总是双向的，双语双文化中的各方影响的范围和力度往往是不平稳的。中华文化同样不可避免地对西方文化产生影响，因此，反映中华民族文化的词语，也不可避免地会反映在英语词汇中，如儒教（Confucianism）、道教（Taoism）、叩头（kowtow）、丢脸（lose face）等已被收入英语词典而成为西方文化的组成部分。

从目前中西方文化影响力的对比来看，西方文化特别是英语文化对中华文化的影响明显大于中国文化对西方文化的影响，这反映了西方先进的科学技术和强大的经济实力的地位。但中华文化源远流长，具有极其旺盛的生命力，中华文化同样不可避免地对西方文化产生影响，反映中华民族文化的词语，也不可避免地会反映在英语的词汇中。

2. **语言的合语**

当今语言中的中外合语现象日趋普遍，所谓“中外合语”就是指在说中文时夹杂进外语（主要是英语）的语词、语调。例如，日常生活中的“CD 片”“X 光片”等，甚至在新闻报道或文章中也有“正确认识加入 WTO 的利与弊”之类的标题，在电视专题节目中也有“海运市场召唤 FOB（离岸价）”的标题。当今社会使用合语的情况和流行的范围，从一个侧面反映了在中西方文化交流过程中语言的融合现象。

中国的速冻食品如“鲜虾炒饭”“蛋炒饭”“八宝饭”等进入美国市场以后，因其味美可口、色泽鲜洁、包装精美、食用方便而深受顾客喜爱，以至于用英文和汉语拼音合成的“Chinese Chaofan”（中国炒饭）已经成为一个英语名词，该词虽然尚未被收入词典，但足以反映外国对中华饮食文化的认同，以及汉语对英语词汇的渗透。

3. **语言的表达使用**

语言融合的另一个现象表现在语言的使用和表达上。现代人以较成熟的求新求异的心理，通过电视、广播、报纸、实地旅游等渠道，感受和了解其他国家或民族的文化，同时以更为开放的心态不断调整、充实和更新自己文化构成的心理，必然会影响到语言的使用和表达上。

二、英语翻译与文化趋同的原因

推动文化趋同化是多种力量的合力。有积极的，也有消极的；有影响力持久的，也有快餐式的。

第一，对价值观的认同。近年来，国内不少企业在现代企业的建设过程中，提出诸如“流程管事制度管理人”的先进管理理念。这是对一种源于日本企业文化的文化思想，是对日本企业严谨、守纪的文化精髓的吸收和升华。

第二，全球化经济带来的文化交融。经济全球化不仅对促进各国经济发展具有积极作用，而且为不同文化之间的交流与融合创造了新的机遇。经济全球化是文化趋同化的基础，也是文化交融的强大动因，每一种民族文化都可以在互相交融中不断获得新的发展动力。

第三，文化交流是文化趋同化的助推器。多年来，中国餐馆、武馆，还有孔子学院，在世界各大洲出现，导致崇尚中国饮食、武术和儒家文化的外国人层出不穷。随着交流的深入和扩大，某些民族的一些博大精深而又富有内涵的古老文化对其他民族而言别具魅力，吸引越来越多的不同民族、种族的人学习、研究，推动了文化在不同地区的发展。

第四，追求时尚心理的驱使。“韩流”对年轻一代的影响不容小视，看韩剧、听韩语歌成了青少年的一种时尚追求。这是一种快餐式文化趋同现象，由时尚的不确定性和时代性所决定。通过追求时尚，达到趋同的文化始终不能成为主流文化。

第五，对短期利益的追逐。爱好旅游的人也许会发现，不少景点都出现竹竿舞、背新娘等相同的项目。一个地方某个文化项目赚钱了，山寨版就会相继出现。文化项目开发者追逐短期利益，使原本具有地方特色的文化项目失去特色，走向趋同化。

三、英语翻译与文化趋同的任务

翻译的内容不是语言符号本身，而是语言符号所承载的文化。译者的任务是尽量消除两种文字间的文化交流障碍，一般要经过这样的认知过程：译者首先对原语言的文化信息进行感受、分析、整理、吸收，并转化为译者的思维信息，然后将其思维信息转变为目标语的文化信息，从而完成文化信息的准确传递。语言文化信息的客观规律是，文化共性与文化差异并存。人类的活动透视出人类的文化。

人类活动的共性决定着跨文化信息交流的可能性。用汉语表达出来的文化信息，同样可以用英语表达出来。汉英双语文化的共性部分使一些翻译变得简单易行。有时，原文的语言层次和文化寓意，能够在译文中完整地再现出来，使原文读者和译文读者在理解效果上处于同等地位，达到文化效果和理解效果的“等值”。这种“等值”是由语言的文化共性所决定的，如药补不如食补 Diet cares more than the doctors；善有善报 Do well and have well；宁做林中鸟，不当笼中鸟 Better be bird of the wood than bird of the cage。

原文和译文都有文化内涵，但由于双语的文化内涵实现了对接，原文中的寓意在译文中保持了原貌，达到了文化内涵的效果“等值”。各民族文化的多样性决定了各语言群体的价值观念、民族特色、表达习惯、比喻意象和社会特点均有较大的差异，这些差异难免会导致各语言之间的翻译中出现文化差异信息传递障碍。

翻译的任务必须包括弥补或衔接汉英双语在翻译中出现的文化差异或“文化亏损”。只有克服文化差异，实现文化意象对接和信息连贯的翻译，才是有效的翻译，才能真正符合“信与顺”的翻译标准。例如，有汉语文化背景的读者都能理解“跳进黄河洗不清”这句汉语习语的内涵，绝对不会认为这句话是在讨论洗澡的问题，但按汉语字面结构译出的英文：One cannot be cleaned ifone takes a bath in the Yellow River. 仅能给英语读者传递“在这条河里洗澡，洗不干净”的信息，似乎是河边竖着的木牌上用以警示洗澡者的启事。汉语原文丰富的文化寓意就这样在胡乱直译的过程中被“洗”掉了。如此翻译不但造成了“文化亏损”，也导致了信息障碍。如果将“跳进黄河洗不清”译成“One can not clear up his bad fame if it is put on him”，其结果显而易见：信息障碍消除了，文化亏损依然存在。

可见，弥补或衔接汉英双语在翻译中出现的文化差异或“文化亏损”，是翻译的高层次要求，也是翻译应该完成的任务，否则，翻译过程难免成为“劣化”或曲解原文的过程。

第二节　英语翻译与文化趋同的融合

一、中西文化趋同的相互影响

中西方的文化差异较大，从现象到本质，几乎无所不及。文化具有时空性，任何一种文化都处在历史时间的纵坐标与地域空间的横坐标上。从历时角度来看，文化是随着社会的发展而向前推进的；从共时角度来看，各具特色的民族文化相互渗透、相互影响。这种渗透和影响必然导致文化的趋同。只要文化存在，这种趋势就不会停止。可以从以下方面来看文化趋同这种现象：

（一）西方文化对中国文化的影响

1. 隐私观念方面的影响

中国人的隐私观念比较薄弱，例如，中国人第一次见面会询问对方的年龄，婚姻状况，收入，过去在中国人的眼里这是一种礼貌，但在西方人眼里则认为这些问题侵犯了他们的隐私。随着传媒、因特网的发展，中国人也逐渐意识到了这点差异，觉得西方人的做法更有道理。所以，时下中国人初次见面，也基本不会询问对方的婚姻状况甚至收入，若对方是女性，也会尽量避免提及对方的年龄。

2. 礼貌用语方面的影响

随着中西方交流的深入，越来越多的外宾出现在我们的日常生活中，我们也越来越了解他们的文化及行为方式。目前，大多数中国人当听到别人的赞美之词时，也会礼貌地以“谢谢”回应；在日常生活中，部分人见面打招呼从以前的“你吃了吗?”逐渐变成了“Hello”“Hi”之类的西方化的招呼语；也会倾向于用“sorry”来向别人表示歉意，而不是循规蹈矩地说声“对不起”。

（二）中国文化对西方文化的影响

1. 生活方面的影响

随着我国科学技术的发展、新闻传播媒体的介绍和因特网的普及，带有浓郁东方色彩的中国文化也开始深入西方社会生活：中国的针灸疗法和中草药被越来越多的西方人喜欢，太极功夫、气功、京腔京韵倍受西方留学生的青睐，中国炒饭摆上了美国超市的货架，春卷、饺子、豆腐进入了美国的中餐馆。

2. 文化方面的影响

中国传统儒家思想对于中华民族的共同文化和共同心理的形成、发展做出了巨大的贡献。新加坡、马来西亚、印尼等地均把孔子的生日定为教师节或庆祝日。从 2004 年开始，中国政府在世界各地设立孔子学院，向世界传授历史悠久的中华文化。

3. 语言方面的影响

英国、泰国、印度尼西亚等许多国家都把汉语纳入了本国正规教育体系，美国国务院已把汉字定为“至关重要”的语言。

翻译与文化的关系既紧密又复杂，翻译离不开文化。因为生活中处处有文化，时时有差异。然而，在人人都对“文化差异”这一话题津津乐道的同时，又有一些“文化趋同”

的现象在悄然而生。文化与语言的关系非常密切，文化不能脱离语言，反之亦然。在做翻译的时候，既要意识到差异，又要兼顾文化趋同的现象。随着文化的不断交流与趋同，“地球村”上人类共性的认识逐步扩大，各民族之间特殊性相对减少，语际之间的可译性也会日趋增强。

二、文化趋同与文化归属感

历史上伴随着武力征服而大肆推广自身文化的现象大有存在。拿破仑称霸欧洲时期，欧洲人以讲法语为荣。而到了普鲁士帝国兴起之时，临近普鲁士边界的法兰西民族却面临母语不复存在的风险。文化的归属感会因自身文化的急剧扩充而增强，不会因自身文化影响力减弱而泯灭。就像剑桥和牛津在全球大学的声誉和学术地位，俨然成为一种传统，难以撼动。反观目前国内英语学习“费时低效”的现象，如果英语学习者能以英语文化诸多亮点为学习动机的突破口，那么英语学习的效果很可能就会有大的改观。因此，文化趋同很大程度上是一国文化归属感的心理指向，是一种民族从众与附和心理价值取向的体现。

如果不重视文化的合理内核，忽略文化归属感对大国崛起所起的作用，那么中华文化的向外推广和宣传，必然会有曲折的道路要走。

（一）维持文化的民族性

只有民族的，才是世界的。在世界历史的长河中，很多特色文化经历了时间的考验，更加突出地显示其文化的民族性。思考文化的方式之一就是将文化与自然做比对，在研究不同文化时尤其要注意这点。例如，属于英语文化中的苏格兰文化，就是在当今社会颇具特色的一种民族文化：苏格兰人向来以科学家、商界奇才和工业革命的发源地为荣；苏格兰的格子裙、风笛和威士忌酒已成为苏格兰文化永远的名片。

（二）掌握文化的多元性

文化多元性是世界文化的发展方向。世界历史自哥伦布航海时代以来，作为世界文明中心的欧洲文化伴随着殖民主义一同向外急剧扩张。许多灿烂的古代世界文化，如美洲大陆的印第安文化、澳洲的土著文化等，随着殖民者语言的统一、文化的同化而成为历史遗迹。世界在对快速消失的生物物种感到不安的同时，也对人类最宝贵的文化物种——语言的快速消失感到遗憾，毕竟一种语言的灭绝也就意味着一种文化的消失。幸运的是，文化多样性的问题已得到世界多数国家和人们的重视。

（三）注重文化的客观性

中国文化向外推广时，强调文化归属感有着文化层面的深刻意义。如今，世界各地

"汉语热"普遍升温，但一些文化浮躁现象令人担忧。例如，在向外宣传中国茶文化的时候，过于夸大茶的药用价值，结果会适得其反，让西方人觉得十分反感。唯有处变不惊的定力、对自身文化有着清晰的认识，加上强烈的文化归属感，中华文化的对外宣传和复兴才能迈向健康的轨迹。强调文化归属感，是与当今世界大国和主要民族国家积极倡导的文化多元性相吻合的。

三、基于文化归属感的英语文化趋同

英语文化作为世界主流文化和强势文化，自由、创新及最大限度地追求社会制度的合理性是英语文化区别于其他文化的显著特征。英国在数百年的时间内在工业技术、现代技术产业、自然科学等方面取得迅速发展，并始终保持自身优势，大多得益于英国文化中不屈不挠的创新精神。文化趋同是英语文化中的重要合理内核，文化趋同的实质是指对不断进步的理念和普遍价值观的追求，是超越本土文化的文化和价值认同。

文化趋同在很大程度上是一个国家文化归属感的指向，是一个民族从众、附和心理和价值取向的真实体现。如果不重视文化合理内核，忽略文化归属感对国家文化发展的重要作用，将难以实现中华文化内涵的扩展和宣传。历史的经验告诉我们，民族的才是世界的。在历史变迁的过程中，经历时间考验的特色文化，能够更加突出地显示文化的民族性。

四、翻译与文化趋同的策略和影响

（一）翻译的归化与异化策略

文化趋同和存异是并存的，趋同是寻找彼此间普遍性的过程，而存异则是保有其独特性。跨文化翻译存在归化翻译（Domesticating translation）和异化翻译（foreignizing translation）两种方式。归化倾向于遵循目的语的语言和文化规范，使译文流畅易读，更加符合读者的阅读要求；异化追求保留原语语言及文化特色，令读者感受其新鲜感和吸引力。

在跨文化翻译中，译者可能要面临两难局面：一方面，若要保留原文的异国文化特色，那译文可能会晦涩难懂；另一方面，要使译文通顺流畅，就会显得对原文不够忠实。归化以目的语文化为出发点，以减少和避免文化交流中的冲突为目的，克服文化障碍。由于遵循了目的语的语言和文化特点，使得译文利于读者理解，因此，为了达到较好的翻译效果，出于文化导向考虑，译者或会迎合主流文化而选择归化的翻译策略。以原语文化为出发点，翻译作为文化交流手段，既能向读者展示异国的文化风情，也可将原语文化注入目的语文化当中，丰富和提升其语言内涵和表达方式。

综合考虑原文作者的意图、翻译目的、读者群体的层次和需求，归化和异化并无优劣之分，两者并不相悖，而是相辅相成、缺一不可。首先，没有一种译文完全只使用一种翻译策略，文化的特点决定了译文既要采用归化又要采用异化的翻译策略，但过度的归化和异化翻译都可能使译文不尽如人意。其次，影响翻译策略的要素是作者写作的意图。另外，译者也应考虑到读者的习惯和能力，要考虑到异域文化对他们的吸引力。起桥梁作用的译者，必须要平衡和调节两者的关系。

（二）翻译的离散与杂合影响

长期以来，在翻译策略的选取上，归化似乎一直是主流方向，译者会倾向于归化翻译，这是受其文化身份和文化使命所驱使。异化则要求译文要忠于原文、保留异域语言文化特色，以满足人们对于外来事物的好奇心和认知需求，并在丰富目的语的词汇与表达方式的同时达到文化交流的目的。各国间文化接触和交流的频繁，人们认识水平的不断提升，网络化使人们对外来文化的接触更直接快捷，异域文化与风情对人们的吸引力在增加，现代生活节奏的加快，流行文化的引领等，都会使翻译中异化成分日渐增多。

如今不同地方的人们聚在一起生活、工作或学习，他们的文化背景各异。有了频繁的文化接触和交流，就不可避免地会出现具有两方特点但又与之不同的混合体，这种游移性在互动中不断地互相重构，与传统的认为文化差异是静止的观点相差甚大，译者在面对协调文化关系和差异时面临一定困境。

离散表示差异、异质和混杂。杂合指游移文化彼此之间聚合在一起，形成离散的状态，然而一切都处于流动游移互动互构的状态。杂合现象是不同文化在接触和交流过程中自然形成的。文化异质是跨文化交流的动因，翻译实质是向异质开放，而不是消除异质。

在离散文化状态下，文化异质被重构并成为它的一部分，但它既不同于原语文化，也不同于目的语文化，杂合体现为翻译异质成分，但不能将文化之间的差异照搬到目的语文化中。因此，在全球化语境下理解翻译时，必须认识到归化翻译和异化翻译在处理文化差异时的不足，因为翻译并不总是不同文化之间的平等交流，民族主义为中心会造成对外来文化的否定和排斥，而全盘接受外来文化则会令目的语文化失去自我。离散和杂合可为译者在两难选择中开辟新的思路。

而随着文化融合向纵宽、纵深发展，如何在保留自身文化的凝聚力前提下，吸收其他文化的精华和长处，达到自身文化的丰富与提升，让翻译在跨文化交流当中扮演重要角色的这种趋同的发展和特点为译者提供了新的思考与视角。

五、英语翻译与文化趋同融合的影响

双语转换中的障碍造成语言翻译中的困难，包括语言文字结构障碍、惯用法障碍、表达法障碍、文化障碍，其中文化障碍是翻译难度中的最重要因素，由于文化差异而导致的翻译失误随处可见。而要克服这种翻译障碍的唯一办法就是加强文化交流，增进民族间的相互了解，扩大语言的共性。这种增进了解和扩大共性的过程，正是文化趋同的过程。文化趋同可以加强翻译的准确度，择证被翻译语言的民族文化性。

（一）民族物质化成分中源语言的影响

语言的民族物质化符号是该语言中涉及物质经济生活、日常用品及生产或生活工具、科技文化及设施等承载文化内涵的词语，出现在汉语中的新词大多属于这一类型。这些来自西方的新生事物随着文化交流进入中国，由于在汉语中不存在对应词语，因此，从理论上讲确实存在因词汇空缺而带来的翻译上的障碍。但是由于有了文化的交流与融合，大多数中国人通过亲身体验或媒体介绍，获得了对这些事物的感性认识，所以，这些词的翻译并没有让译者为难。

译者采取常规手段翻译就可达到概念意义完全对等，不需要附加任何解释就可以让人们明白。如果没有文化的交流与渗透，大多数中国人对它们不了解，这些在汉语中词义空缺的词即使翻译出来，也不能让广大中国读者明白。例如，如果中国人对高尔夫球一无所知，golf 简单音译成“高尔夫”，必定让许多中国人费解，他们不可能望文而知这是“一种游戏，用勺形的棒击球，使球通过障碍进入小圆洞”。例如，西方人如果完全没接触过中国文化，把“春卷”翻译成“spring roll”，他们绝不会联想到这是一种食品。可见，文化趋同在一定程度上扩大了英汉两种语言的共核成分，提高了两种语言翻译的准确度。

（二）民族意识化成分中源语言的影响

语言中的民族意识化成分承载了产生该民族一切观念形态方面的语言信息。从该民族的世界观、哲学观、价值观到典章文物、伦理观念、思维方式和思维特征，文化趋同必然加深译语读音对这些民族意识符号言外意义的了解，提高翻译的可译度。

（三）民族地域化成分中源语言的影响

语言中的民族地域化成分，反映了使用某一语言的民族或群落的自然地理生态环境、气候条件与特征、山川、市镇等文化内涵。地域特征的不可融合性，使源语中涉及地域特征语言的喻义很难以直译的方法再现，一般只能意译。例如，英语中有一个出自地名的成语“carry the coals to Newcastle”，这个成语就不能直译成“把煤运到纽卡斯尔”。Newcastle，英国产煤中心，把煤运到那里去纯属多此一举。“多此一举”正是这个成语的寓意，但大多数中国读者对 Newcastle 并不熟悉，更不知道它是产煤中心，如果直译中国读者很难从字面联想到“多此一举”的寓意。但是随着文化交流的深入，中国人对英美等国的地理风貌、生态环境逐渐熟悉，英语中部分民族地域化符号完全可以直译，而且有些直译的英语成语已经融入汉语，被中国人广泛使用。

（四）民族社会化成分中源语言的影响

语言中的民族社会化成分是指那些反映民族习俗与风情以及人际的、社会的、阶级的、群落的惯用称呼、服饰、体态语、行为特征、活动形式、生活方式的词语。在文化融合过程中，这些极富文化内涵的词语很难实现从形式到内容的准确翻译，如汉语中的“双喜临门”等都很难直译，英语中“play knife and fork”（饱餐一顿）也不能按字面译文，但是英汉翻译中，通过直译就能让译语读者理解源语民族社会化含义的例子也不少。英语读者之所以能从字里行间析出其言外之意，正是因为文化的共性与趋同。

总而言之，英汉翻译中由文化差异造成的影响处处可见，但随着文化的不断交流与趋同，“地球村”上人类共性的认识逐步扩大，各民族之间特殊性将相对减少，语际之间交流的空间将进一步扩大。

第三节 英语翻译中文化内涵的传递

一、英语翻译中文化内涵传递的重要性

就英汉之间的翻译而言，英语和汉语反映着不同的文化，即各自在历史发展中形成了全社会共有的社会结构、生活方式、民俗、传统观念及文学艺术。我国民族文化和英美文化之间，由民族历史、社会制度、生活方式以及地理环境的差别形成的文化差异是很大的。表现在语言上，无论是词语的理解与运用，还是表达习惯都有差异，英汉语中有时也采用截然不同甚至相反的语言形式来表达同一事物，如中国人出于礼貌请对方先走、先吃或是先做某事时常说“您先请”，反之，英语里的习惯用法却是“After you”。

在英汉互译的过程中，如果能抓住源语背后的文化信息，并在目标语言中用读者可以理解的表达方式传递出原文的文化信息，那么翻译用来交流文化的目的便达到了。例如，“玉兔”这一商标没有直译为“jade rabbit”，而被翻译为“moon rabbit”，实属佳译，因为

它把“玉兔”在中国文化中的含义精妙地传递出来了。熟知中国文化的人都知道，传说中的玉兔，是我国神话中陪伴嫦娥生活在月宫桂花树下的兔子，因此，它又成为月亮的代称，将它译成“moon rabbit”体现了我国古老文化的风采，而译为“jade rabbit”会让人以为是玉做成的兔子。

译者作为文化信息传递的使者，在英汉互译的过程中需要充分研究源语的特定上下文和其中的文化内涵，不可草率行事，求形似而不重传意。

二、英语翻译中文化内涵传递的互译性

不同民族的人在观察事物及表达思想情感等方式上有相似之处，因而在两种语言中存在着对应词，如“table”（桌子）、“lamp”（电灯）等。然而，语言作为一种符号系统，随着人类的进步、文化的发展，其自身也在发展变化中，必然不断地积淀文化，打上民族文化的烙印，从而在不同语言中形成非对应词，而且其间的互译性越差，翻译就越难接近其理想效果。

词的内涵意义具有隐秘性，它不独立于概念而存在。除了对原文的了解，译者还要不断地把两种文化加以比较。文化内涵词翻译中的错误多种多样，现只从欠额翻译和超额翻译两方面来分析。

（一）欠额翻译

文化内涵的一种情形是，本族语中词的文化内涵大于它在外国文化中的内涵。欠额翻译指的就是源语的词义内涵大于译入语词义内涵的现象。例如，余光中先生的诗《乡愁》①，该诗的最后一节“而现在/乡愁是一湾浅浅的海峡/我在这头/大陆在那头”的译文是：“And now at present/Nostalgia looms large to be a channel/Here am I/And yonder…my Continent!”诗中对 continent 的解释是：“Any of the main unbroken masses of land on the earth.”另一表大陆的词是 mainland，朗文当代高级英语辞典的释义是“A landmass, considered without island.”余先生诗中的大陆就是指中国本土，是相对于跨海峡的台湾地区而言的，因此应该译成“mainland”，这不仅合乎英语行文规范，而且充分体现了祖国大陆与台湾地区之间的关系，即“中华民族是个大家庭”的内涵。

（二）超额翻译

词语的文化内涵存在的另一种情形是，在本族语文化环境中词的文化内涵小于外国文

① 《乡愁》是现代诗人余光中于 1972 年创作的一首现代诗歌。诗中通过“小时候”“长大后”“后来啊”“而现在”这几个时序语贯串全诗，借邮票、船票、坟墓、海峡（台湾海峡）这些实物，把抽象的乡愁具体化，概括了诗人漫长的生活历程和对祖国的绵绵怀念，流露出诗人深沉的历史感。

化环境中词的内涵。超额翻译，指的即是译者将源语中的文化内涵词翻译成目的语时，赋予了超出本义的现象。例如，在翻译《红楼梦》中刘姥姥说的话“谋事在人，成事在天”时，用的是“Man proposes，God disposes”，尽管译语流畅，符合英语行文习惯，然而超出了原语“成事在天”的“天”字的文化内涵。应该将“God”换成“Heaven”，整个句子译成：“Man proposes，Heaven disposes.”这样，既符合刘姥姥的身份，英语国家读者也看得懂。

第四节 翻译中传递文化信息的方法

从文化和信息理论角度看，翻译是信息传递的一种方式，是语言化的跨文化交际。英汉两种语言在社会、历史、政治、经济和文化构成方面有着完全不同的背景，形成了各自特有的意识形态、人生观价值观、思维方式和风俗习惯。这些文化属性上的差异使得人们对同一类事物或理念有着不尽相同的理解联想和阐释，并在翻译过程中经常构成理解和表达上的障碍。例如，在不同文化中，同一事物产生完全相反文化内涵的情况也不少。例如，在中国人的传统观念中“凤凰”（phoenix）是一种吉祥的鸟，许多出口商品的商标或图案喜欢用凤凰，它给人以“吉祥、如意、高贵”的含义；而在西方文化中凤凰则寓意“再生”，使人产生“死而复生”“死里逃生”的联想。翻译实践证明，如果对这种超字面意义的文化内涵不了解，就难免会导致跨文化交际和翻译中出现文化内涵信息的传递障碍。仅能听、说、读英语，而不甚了解与英语相关的西方文化就难以做好翻译工作，会造成翻译出的作品缺少文化底蕴、文字上隔着文化内涵的幕纱。因此，译者必须认识到翻译不仅是语言的转换，更是文化信息的传递。换言之，译者的任务不仅是替读者解读原文的语言符号，而且须破解原文的非语言符号——文化内涵。只转换语言符号，而把非语言符号照搬给读者的翻译必然是缺损的翻译，也是带有信息传递障碍的翻译。

一、翻译中传递文化信息的缺陷

（一）高低语境下语言信息的负载

文化具有高语境（High Context）与低语境（Low Context）之分。高语境事物具有预先编排信息的特色，编排的信息处于接受者手里及背景中，仅有微小部分存于传递的信息中。低语境事物恰好相反，大部分信息必须处在传递的信息中，以便补充语境中丢失的部分。由此可以看出，高语境中语义的承载主要不是语言性的，而是非语言和语境性的，如马致远《天净沙·秋思》中的“枯藤老树昏鸦，小桥流水人家”，这里面没有一个动词，仅用几个名词直线铺排，就将一幅孤寂、凄凉的夕阳西下的图画展现于读者面前。这首诗若从语法角度来讲是不合语法规则的，但人们仍能毫无障碍地理解其中的意境。而从翻译学的角度来讲，由于语境的转变、文化的差异，无论怎样翻译，都无法让外国读者毫无保留地理解其中的意境，或多或少地存在传递上的信息缺失。而英语中，诗歌绝大多数是按照英语语法的规则来写的。诗句无论长短、行数多少，主语、谓语必不可少，句法关系十分清晰。

例如，Robert Frost（罗伯特·弗罗斯特）的名诗：Some say the world will end in fire/Some say in ice/From what I've tasted of desire/I hold with those who favor fire/But if it had to perish twice/I think I know enough of hate/To say that for destruction ice/Is also great/And would suffice.

这首诗每个句子的句法结构都相当完整，主谓俱全，语义的承载体是语言本身，非语言的及语境性信息对语义的影响是有限的，在文化翻译过程中也相对容易理解一些，但信息传递缺失的可能性不是没有，而是更少一些。

（二）词汇的内涵差异与空缺现象

由于文化语言的差异，一种语言有的词在另一种语言中也许没有对应的词，这种情况可称为“词汇空缺”现象。汉语中的词语在英语中属“词汇空缺”的现象，例如，“粽子”“窝窝头”“铁腕”等均具有独特的中国文化内涵，无法照字面意义直译。而英语中具有文化背景的词汇在汉语中的“词汇空缺”现象也是十分常见的，如 American Dream（美国梦），指美国标榜的立国精神；Bromptom cocktail（布良姆顿鸡尾酒），实际上指癌症止痛药（因伦敦布良姆顿胸腔医院使用而得名）。此外，英语中还有许多由颜色构造的词语在汉语中也存在词汇空缺，如 blue box（蓝盒子），指装在电话机上以免逃避付长途电话费的小型电子装置。因此，要译好带有文化色彩的词汇就必须体现其特定的文化定义以免误译。

二、翻译中传递文化信息的策略

为了传递文化信息，翻译中一般有两种出路，即异化策略和归化策略。前者坚持译文应以源语或原文作者作为考虑的出发点，后者则坚持译文要以目的语或译文读者作为考虑的出发点。为了更好地传递文化信息，英汉互译中可以根据不同的情况采取相应的策略。

第一，当词语的联想意义不同时，翻译时通常采用归化，用目的语语言文化中的习惯表达来转换源语，以利于译语读者的理解。例如，“健壮如牛”常译为“as strong as a horse”。但为保留源语文化色彩，有时仍可以采用异化的方法，只是须用上增译，以便于译文读者真正感受到异域文化的魅力。

第二，当英汉两种语言中存在含义相近的表达，但包含不同的文化特征时，不能归化。因为这样的翻译会损害翻译所担负的文化传播功能，减损甚至扭曲源语包含的文化信息。

第三，当文化含义具有共性时，可以归化。例如，“snowy winter，a plentiful harvest”“When the wine enters，out goes the truth”可以采用归化处理，分别译为“瑞雪兆丰年”“酒后吐真言”。这种文化信息是人类的共同经验，不存在文化鸿沟。

第四，直译。直译是将源语中的文化信息按字面意义直接译为目的语。随着社会的发展、科技的进步，人们之间的文化交流空前频繁。文化领域呈现出隔阂减少的趋势。例如，“龙”在西方是指“长有双翅，会吐火的怪兽”。而在中国，从某种意义上而言中国是龙的国度，作为中华民族图腾的龙以及代表它的符号，可以说是无处不在。随着中国对外开放，“龙”的形象和它的文化含义被越来越多的外国人所熟悉。以前人们对“望子成龙”的翻译，多避开 dragon 一词，如“to long to see one's son succeed in life”或“to hope one's children will have a bright future”，这些翻译都具有一个特点，那就是形至而神不至。现在可以译成“to long to see one's son become a dragon”。对于西方人而言，在与中国文化相关的语境中，看到 dragon 一词就会想到“a person with great power”。

第五，用目的语的文化替代源语文化，由于人们所生存的客观世界是相似的，对许多的事物具有相同的概念认识，只是表达的方式不同。也就是说在不同的语言中，有不同的语言形式来表达同一个事物或概念。例如，英语中“kill two birds with one stone”和汉语的“一箭双雕”所用的喻体不同，但表达的含义是相同的，都表示“一举两得”的意思。在这种情况下，可用目的语的文化替代源语中的文化，更能准确地传达原文的意义。

随着全球一体化进程的加深，文化之间的交流空前频繁，文化领域呈现出相互交融的趋势。翻译是文化交流的桥梁，同时也促进了文化之间的交流。在翻译实践中要根据具体的情境，采用恰当的翻译原则和技巧，以有效地进行信息传递并促进文化的交流。

第六，直译加注。此方法在论及翻译方法的专著中很少提及，或未将其作为一种独立的方法列举出来。为使文化内涵词由源语进入译入语，并保持音、形、义、美的和谐统一，“直译+注解（释）”不失为一种比较理想的方法。例如把“O heart，lose not thy nature；let nit ever. The soul of Nero enter this firm bosom.”译为“心啊！不要失去你的天性之情，永远不要让尼禄的灵魂潜入我这坚定的胸怀”。Nero 是何人？为了使目的语读者能了解西方的文化，译者在译文中保留原文的字面意义的同时，用脚注的形式对其加以诠释，即“尼禄，曾谋杀其母”。这一注解诠释了该典故的由来，目的语读者通过此注的提示，再根据原文的语境，便可以理解莎士比亚在此用 Nero 一词的含义，将哈姆雷特既恨其母负情负义，却又不愿弑之的矛盾心理刻画得入木三分。

译者不深刻理解、体会与感受原作，绝不可能使读者理解、体会与感受，想译一部喜欢的作品要读四遍、五遍，才能把情节、故事记得烂熟，分析彻底，人物历历在目，隐藏在字里行间的微言大义才能慢慢琢磨出来。这正是对文化内涵翻译的不易与重要性的高度概括。

第七，直译加意译法。由于文化上的差异，采用直译法让读者费解的情况也在所难免，为了更明确地表达原意，又同时传递原文化信息，直译译出文化，意译译出文化所包含的意义。例如，把“这对年轻的夫妇并不相配，一个是西施，一个是张飞。”译为“The young couple is not well matched，one is a Xishi a famous Chinese beauty，while the other is a Zhangfei a well known ill-tempered brute.”这些人名虽然在中国家喻户晓，译文读者却有所不知。翻译时加上必要的意译，就可以达到一举两得的效果，既让人领会了意思又传递了文化。

翻译不仅是语言间的转换过程，也是文化信息的传递过程。东西方文化的差异，决定了翻译所承担的任务。翻译就是文化信息的使者，起着文化信息的传递作用。就真正的翻译而言，译者的双文化功底甚至比双语言功底更重要，因为词语只有在其起作用的文化语境中才富有意义。

作为译者，承担着传递文化，促进中外交流的使命，应掌握扎实的文化背景知识，要有文化意识感和使命感。翻译是各民族之间文化交流的需要，不翻译就很难沟通，同样不准确忠实地翻译就无法促进交流。因此，译者应从翻译的目的和任务出发，架起中外交流的桥梁，输送文化信息，乃至促进各民族文化的交流与繁荣。

第三章　基于文化交融的英语翻译异归

第一节　文化交融中异化与归化翻译的作用

一、文化交融中异化翻译的作用

异化翻译可以保持原语的语言特色和文化内涵，可以让目的语读者更加了解原语文化的精髓，是文化交流的一方面。尤其在文学作品的翻译中，每个译者都应尽量保持原语的文学性和文化特点。因此，异化翻译常被运用。

（一）了解异国文化

让译文读者了解异国文化，这也是译文读者阅读译文的目的。翻译的目的，就是将原语文化介绍给目标语的读者，使其了解原语文化并接受、消化它。任何民族均有其独特的、灿烂的文化，了解、吸收其他民族的文化精华，是任何一个民族保持本民族文化先进性的必要补充。因此，让译文读者熟悉异国文化，也是翻译工作者的重要使命。

例如，《红楼梦》英文译本中一些颇具代表性的译文，来了解“异化”对读者所产生的效果及其在目标语文化中的作用。《红楼梦》这部中国的经典著作，有着深刻的中国传统文化的内涵。小说中不仅有大量的诗词歌赋、通俗对白，而且有许多描写贵族生活简洁而略显文雅的段落篇章。要将这部浸润着深厚中国文化的巨著介绍给西方的读者，让他们较好地了解中国的传统与文化，就需要对这两种技巧、原则做出选择。为了让外国读者更好地了解中国文化的精神，采用“异化”的翻译方式，使译文充满了中国文化的特色。仅凭其书名就能给外国读者以无限的联想，“Dream of the Red Chamber”这个极具中国文化神韵的译名，非常自然地使读者想到了“一个人睡在红色的房间里做梦”。这虽然与中文名的含义有一些差异，但是也颇能引起西方读者神秘的联想。例如，“至于才子佳人等书”（As for books of the beauty-and-talented type...）、“更有一种风月笔墨”（Even worse are those writers of the breeze-and-moonlight school...），这两个句子通过运用异化翻译的方法，保持了原语的文化特色，充分运用了异化翻译的手段来最大限度地保持汉语语言的精妙与高深。

（二）丰富原语文化

移入原语文化，将丰富目标语文化和语言的内涵、对中国现代语言的发展产生十分重要的作用。现代汉语中有许多外来词，如“沙发”“啤酒”等，同样一些欧式成语和谚语也时常见诸我国的报端，如“一石二鸟”“鳄鱼的眼泪”等。即便是现代汉语语法也是借鉴了西方语言体系的规则，这些经过了归化的译语，由于长期使用，已完全融入了中国语言体系，并成为其中的一部分。实际上，“异化”的这种在译语语言文字革命中的特殊作用是非常重要的。英文对中文的影响何止于词汇，已渗透入文法。其作用已达周身的关节。因为各民族文化虽有许多相对独立的特质，但是任何语言体系都是开放性的，并处于变化演进的过程，而变化的主要原因是外语种的语言、文化元素的渗透，如“To snatch ripe before the iron teeth of pain could have time to shut upon her…that was what love counseled. 这是《德伯家的苔丝》[1] 里的一句描写陷入爱情中却又摇摆不定的苔丝的心理活动的话。有一个中文版本是：“不等痛苦来临，先让自己尽情享受……这是爱情的忠告。”在这个译文中，虽然原句的意思准确地被翻译了过来，但原句中有一句典型的习语“before the iron teeth of pain could have time to shut upon her”并没有得到最佳的翻译。“不等痛苦来临”不如原文形象生动。如果采用异化翻译的方法把它译为“在苦痛的铁鳄还没有叼住你的时候，抢着享受已经成熟的欢乐”，则会更生动、更形象，不仅保持了原语的语言特色，同时让读者了解了一句原语的习语。所以归化性的翻译对文化、语言内涵的丰富起到了促进和补充的作用。

（三）影响语言思维

原语的语言与思维是相互关联的，而语言思维也是文化的一部分。翻译是包括语言思维习惯交流在内的文化交流，或者说文化交流必然伴随着语言思维习惯的相互影响和渗透，因此，在介绍一种外来语的时候，自然也会介绍一种新的语言思维方式。而这种语言思维方式必须采取与其相符的一种“异化”的译语来表现出来。因此，“异化”不仅是保持原语的语言特色的重要手段，而且也是保留原语的语言思维方式的重要手段。同时，语言思维方式也对目标语的发展起到潜移默化的作用。

---

① 《德伯家的苔丝》是英国作家哈代的长篇小说，是“威塞克斯系列”中的一部。

二、文化交融中归化翻译的作用

翻译中，原语的作者是根据自己的语言和文化背景来传达信息、表达感情的。原语读者及作者一般具有共同的文化背景，因此，原语的读者能按作者所期待的那样，透过原语的表面形式去理解其全部内涵。但译者所面对的，则是既难以理解又容易误解的文化材料，而且他必须将此材料忠实地再现于目的语读者眼前，使目的语读者能同样领略到其中的文化内涵。如果没有把这些弄清楚的话，翻译过程中就难免会产生错误或误会。

因此，归化翻译就是一种用来解决此类问题的有效方法，它能打破原文形式上的禁锢。翻译应最切近自然对等，应当使译文最大地切近原文，使译文行文自然，不带翻译腔。归化法的优点，可归纳为以下几点。

（一）缓解文化冲突

归化有助于译者将原语译成目的语时，避免产生文化冲突和各种形式的误解，以把原语文化的意义传递给目的语文化读者。翻译是两种语言间语义的“功能对等”式的转换，两种语言的语言体系包括词素、句法、语义构成、语用规则和功能均不尽相同，有时甚至完全相反，由此所造成的语言障碍是翻译过程中难以避免的。具体而言，在此过程中不同的语言体系，决定了该系统中语言符号、语义模式系统的不同，一旦该符号，语义系统与译语读者的认知模式、价值观念、文化心理、情感体验相悖，就可能导致认知错误，严重时会产生文化冲突。归化就是要用目的语词语去替代原语词语，缓解这种“文化冲突”，使相异的文化词语在不同文化域的读者心里引起等值的联想，使原语中的文化在目的语中得以反映和再现。

英汉成语经过归化，改变喻体才能被读者所接受。例如，中国人用“简直像芝麻酱煮饺子”来形容游泳池里人太多。而对不了解中国饮食文化的外国人而言，不知芝麻酱和饺子为何物，自然也就不能欣赏这一比喻的奇妙所在。故以不同语言为载体的文化交融，在其翻译过程中，绝不是字、词、句层次上的机械转换，而是对原语所包含的各种文化信息的识别、挖掘等。这种识别、挖掘并非轻而易举、一蹴而就的。所以，采用归化策略，可以使译者不拘泥于原语的形式，摆脱原语句式的束缚，发挥目的语优势以再现原语文化的风格和神韵，同时在词语所反映的文化概念上避免“文化冲突”。

（二）消除文化异质

归化可以使译文读者在自身的知识范围内，更好地理解译文的形式和内容。翻译的过程不仅是两种语言的转换过程，更是一种跨文化的交际行为。每种语言都有其各自的文本类型、语法句法特点，而且有一些与特定的文化背景有关的表达法。人类在漫长的历史发展过程中，地域、民族、历史、文化和思维方式的差异形成了文化的异质性，从而使翻译过程充满了矛盾，出现了“文化缺省”“文化冲突”的现象。例如，“as white as snow”(白得像雪)，对于冬天下雪的国家或地区而言是常识问题，但对某些终年无雪的赤道地区居民而言，却颇为困惑，因为他们从来没见过雪，更不知道它是什么颜色。因此，从社会和文化的角度出发，把译文读者置于首位，译文的表达方式应是完全自然的，并尽可能地把原语行为纳入译文读者的文化范畴，从而达到尽可能等效的跨文化交流。

译者在翻译原作之前，要反复研读原文，利用原文的词汇信息、逻辑信息、文体信息和主题信息以及译者大脑中储存的或是通过查阅资料获得的文化背景信息等，对理解原文有利的信息来寻找关联，然后再根据话语和语境进行推理，既要弄清楚原文的词语表层的指称意义，又要理解其深层的言内意义。运用目的语文化易于接受的表达法，使译文更通俗易懂，更适合于目的语读者。

（三）促进文化交流

归化不强求目的语文化读者理解原语文化作者的世界，不对读者的智力和想象力提出过高要求。译者采用归化策略，利用流畅地道的目的语进行翻译，可以消除因语言结构而造成的文化交融障碍。归化翻译的优点在于，能使译文的接受性和可读性达到最高程度。在不同文化有着不同特点的前提下，用目的语读者所熟悉和所能接受的译文来达到翻译的目的，最终达到文化交流的目的。假如目的语读者对原语文化不甚了解，归化翻译可以将理解和接受的难度降到最小值。

归化翻译是在不同文化有着不同特点的前提下，用目的语读者所熟悉和所能接受的译文来达到翻译的目的，最终达到文化交流的目的。例如，通常把“as mercy as a cricket”翻译成“快活如喜鹊”，把“love me, love my dog”翻译成“爱屋及乌”，把“巧妇难为无米之炊”翻译成“Even the cleverest housewife cannot make bread without flour.”，这些例子都是归化翻译的体现。有时在不同的文化、不同的语言中，译者无法找到完全对等的词或表达法，这时归化翻译就发挥了其独特的作用来消除文化隔阂、促进文化交流。

（四）实现文化交融

归化法不把原语的语言规范强加给目的语各民族不同的生存环境、不同的认识世界的角度，使其形成各自独特的文化模式。而人类对信息的形式和内容的理解，相当程度上是依赖于本民族的文化模式。语言不仅是信息的载体也是文化的载体。译者的任务就是要将一国的文化模式传递给异国的读者，而这一任务绝不是简单地将原语的文化模式介绍和纳入目的语文化模式当中。从某种程度上而言，归化使译意在原语文化和目的语文化之间取得“文化对等”。

例如“Teach fish to swim”（教鱼游泳）与中国成语“班门弄斧”相比，两者意思清晰，比喻恰当，这显然有其深刻的文化根源，即由民族文化中所包含语言使用的习惯、读者信息接收的思维定式、审美体系等因素决定的。采用归化便能在最大限度上满足读者的这些文化心理的需求，以维持本族文化的立场为基点，使原语文化中各类要素更好地适应于目标语文化的各类要素，最终实现两者的相融交汇。

虽然归化翻译可以很好地照顾到目的语读者的需求，能让人欣赏到不同文化有时表现出的一致性，但是每一种文化都有其自身鲜明的特色并受到内在的历史文化因素的影响，有时根本无法用另一种文化来替代，此时，异化翻译就显出了它的优点。

第二节 文化交融中异化与归化翻译的局限

一、文化交融中异化翻译的局限

（一）过度异化翻译

异化翻译在译本中主要体现在语言、文化和文体翻译方面。译者应该采用“陌生化”的翻译策略，不仅在语言结构和用词上传达原文的“异国情调”，还要采用不符合目的语的语言习惯或晦涩难懂的表达法，这样的翻译被称作“妄用忠实”。例如，《红楼梦》杨艺风的译本，很大部分原因出于其过于忠实的翻译策略。在杨艺风译本中，小到词汇翻译，大到句式结构，甚至诗歌的翻译，过于忠实于原文的表达使得目的语读者“如坠云雾”，不知所以然。这样过度的异化翻译，并不利于文化的传播，反而阻碍了文化交流。

（二）读者群有限

异化翻译理论含有“精英主义意识”，受过良好教育的精英分子，可以通过异化来调控其民族的文化构成。异化翻译的译者和读者都是“文化精英”，而不是普通读者。这样对读者的限定，注定了读者范围的有限性。然而，任何改革都必须得到大多数人的支持才能得以实施。

异化翻译理论在当今的文化语境中缺乏实践的土壤。原因有很多方面，除了理论自身的缺陷之外，现阶段的实际文化语境也是该理论目标难以实现的阻碍因素之一。跨文化交际发展的不完善，加大了文化传播的难度。

二、文化交融中归化翻译的局限

不同文化之间具有相似和相通性，这是翻译中可能而且应该采用归化译法的客观依据。例如，英语成语“pour oil on fire”与中文成语“火上浇油”惊人地相似。此外，中文成语“如履薄冰”“隔墙有耳”“一帆风顺”和与英语表达“to be on the thin ices”“walls have ears”“plain sailing”不谋而合，反映了不同文化和语言之间的相通性。如果在处理原语中的文化因素时，能在原语文化和目的语文化之间取得“文化对等”，译文表达的内容和形式在译文读者对现实世界了解的知识范围内，读者就能更好地转换成目的语文化。但是各国家各民族的文化，一直并仍将继续存在巨大的差异，这使得归化译法所竭力追求的不同文化之间的对等转换，实际上是不可能达到的。

语言翻译的目的之一，是使每种文化都能充分地借鉴和吸收其他文化的异质成分来充实和丰富自己，使自己焕发勃勃生机。归化翻译虽然降低了读者阅读的难度，能让译者清楚地传达原作者的意思，可是归化翻译的同时，也抹杀了原文的民族特点。把一种文化中的异质成分转化成另一种文化中人们所熟悉的内容，这是以牺牲大量附载信息为代价的。在翻译过程中，如果按译文的文化规范“归化”作品，译文通顺透明、便于读者理解。

如果一味将 dragon 进行归化，也许西方读者永远都不会知道东方“龙”的独特地位，这对读者似乎有不忠之嫌。从跨文化交际的角度来看，归化翻译重视译语的文化和价值体系，相对轻视原语的文化和价值体系对译语文化和价值体系的借鉴作用，忽视不同文化之间的可理解性、可融合性以及相互适应和渗透的可能。因此，读者阅读运用归化法翻译的作品，只是对本国本民族文化的一种温习，已经失去了了解、鉴赏和学习其他国家和民族文化的意义。

译者应该根据原文文本类型、作者的写作意图、读者的接受能力和需求选择不同的翻译策略，既不能过度归化，也不能过度异化，应采取适中原则。总之，译者要在两种翻译策略的共同指导下，选择尽量偏向原文却又符合译文读者接受水平的方式来翻译。

第三节　文化交融中异化与归化翻译的策略

语言是人与人之间沟通交流的桥梁，是友好往来的重要媒介。但中西方的文化存在着巨大的差异，尤其是语言方面和思维意识方面。随着各国之间的往来增多，跨文化交流也越来越多，包括语言资料之间的借鉴欣赏，这时候就需要翻译来进行辅助。而翻译的过程又是一个较为复杂的过程，其包含着各国的文化底蕴。因此，翻译人员在翻译过程中要掌握好归化和异化策略，处理好二者之间的关系。

一、文化交融中异化翻译的策略

异化是指翻译者尽可能不改动原作的内容，在翻译的过程中保留外来文化的语言特点、思维方式、表达方式等，以原作者的表达方式为基础。让目的语的读者跟着内容进行思考，向作者靠拢。

（一）异化翻译策略的优点

异化翻译策略能够将原著的内容、国家的文化底蕴、语言特点等都完完整整地展现到读者眼前。让读者在阅读的时候不仅能感受到其他国家语言表达的特点，还能体会到其他国家的文化、地域风情、风俗习惯等。对国家之间的文化交流有着重要作用。

例如，“In the county of the blind the one-eyed man is king”，这句英文寓意深刻，生动形象，翻译成中文为“盲人国内，独眼为王”，读者通过阅读能够开拓自身的视野，得到一定的启迪。而且，异化翻译策略不仅将原本的文章内容展示给读者，还具有创造新语言、新词汇的重要作用。比如“Crocodile tears”这句英文，就有三种不同的翻译分别是“鳄鱼的眼泪”“假情假意的眼泪”“假慈悲的眼泪”。

（二）异化翻译策略的缺点

当采用异化策略进行翻译时，虽然能保证原作的还原性，但是各国之间的文化存在着巨大差异，这种翻译策略会面临不被读者理解的问题。例如，对“You have got to have faith in your sleeve，otherwise you won’t succeed”这句英文进行异化翻译时，意思为“你必须袖子里藏有信心，否则你不会成功”。当读者在阅读时就很难理解这句话的含义，进而影响了对整篇文章的阅读。

二、文化交融中归化翻译的策略

归化指的是将源语本土化，以目的语文化或者读者为基础进行翻译，运用目的语读者所习惯、能接受的思维方式、语言表达方式来进行内容的表述。归化翻译策略要求翻译者要把自己想象成本国的作者，将翻译的内容转成地道的本国语言，符合目的语读者的思想和文化观念。

（一）归化翻译策略的优点

归化策略的优点归化的优点，是其翻译的内容以目的语读者为基础，能使读者毫无理解障碍地读懂文章内容，并能更好地接受，增强了翻译作品的可读性和欣赏性。习惯使用归化翻译策略的人认为，归化策略解决了读者在阅读过程中的障碍，有效避免国家之间的文化冲突。

例如，英语“the lion's mouth”，翻译成汉语就是“虎穴”的意思，指非常危险的地方，这就是一种归化翻译。因为在西方人的眼中，狮子是万兽之王，是勇猛、威严的象征，因此英语的“lion”有着强壮、受人尊重敬仰的含义。而在我国老虎被誉为万兽之王，是勇敢、威猛的象征，与西方文化的“lion”有着相似的含义。所以将“the lion's mouth”翻译文“虎穴”是两国文化的相互结合，能使中文的读者更容易理解文章内容。

（二）归化翻译策略的缺点

任何事物都具有两面性，归化翻译策略也不例外。归化法的最大缺点就是破坏了原作的风姿，翻译者过于加入自身的主观意识，将原作独特的国家文化消磨殆尽。

例如，西方国家对我国《红楼梦》的翻译，其中有一句“巧媳妇做不出没有米的粥”，英国翻译者将其翻译为了“Even the cleverest housewife can't make bread without flour”。由于英国的传统主食是面包，对米、粥等食物不太了解，所以就采用了归化法，将没有米的粥翻译成了“bread without flour”。这种翻译虽然有利于英国读者进行理解和阅读，但是《红楼梦》是我国的古典小说，在其中加入西方的面包与整个文章内容显得格格不入，而且国外的读者也不能了解到我国的文化特色以及小说的真正内涵。

总而言之，归化与异化各有优缺点，完全的归化策略翻译不仅破坏了原作的内涵，还不利于各国之间文化的交流。而完全的异化策略翻译使目的语读者很难理解文章内容。所以，翻译人员要正视归化与异化之间的关系，采用以异化为主、归化为辅的翻译策略，将二者相互融合，使读者在轻松容易地理解文章的同时还能感受到其他国家的文化底蕴。

第四章　多维度视域下的英语翻译文化

第一节　地域文化与语言文化的翻译

一、地域文化的翻译

地域文化是个含义很广的概念。具体而言，方位文化、东风文化、西风文化、动物文化、植物文化等都属于地域文化的范畴。由于受到不同文化背景的影响，英汉地域文化存在诸多差异。

（一）方位文化的翻译

方位文化具有特定的内涵，因而在进行翻译时，首先应对其含义进行准确的理解，然后再选择相应的翻译方法。一般而言，在对方位文化进行翻译时，通常可采取直译法与意译法。

1. 直译法翻译

如果方位词在英语与汉语中的内涵相似或相同，译者可将其直接翻译为译入语的对应词，即采取直译法。直译法的使用一方面可以较好地保留原文形式，另一方面又能够将原文的含义准确传译出来。

例如，老嬷嬷们让黛玉炕上坐，炕沿上却有两个锦褥对设，黛玉度其位次，便不上炕，只向东边椅子上坐了。

译文：The nurses urged Daiyu to sit on the Kang，on the edge of which were two brocade cushions. But feeling that this would be presumptuous，she sat instead on one of the chairs on the east side. 本例中，"东边"没有特殊的文化内涵，仅是一个普通的方位词。因此，译者将其直译为"on the east side"并不会对译入语读者的理解带来障碍。

例如，十九日乃黄道之期，兄可即买舟西上，待雄飞高举，明冬再晤，岂非大快之事耶！

译文：The nineteenth is a good day for traveling，You can hire a boat then and start your journey westward. How good it will be to meet again next winter after you have soared up to dizzy heights.

本例中，“西上”表示往西行，与英语中的 westward 相对应，因此译者直接采取了直译法。

2. 意译法翻译

有些方位词具有丰富的历史文化内涵，体现着中国特有的价值观念。若对这类方位词进行直译，既难以传达其真实含义，又会使译入语读者的理解面临诸多困难。在这样的情况下，译者可采取意译法。意译法虽然会舍弃一些原文的表达形式，却能将其丰富的内涵传译给译入语读者，对文化的传播大有裨益。

例如，上一辈的，却也是从弟兄而来的。现有对证：今你贵东家林公之夫人，即荣府中赦、政二公之胞妹，在家时名唤贾敏。

But all the girls of the last generation had names like those of boys. For proof，look at the wife of your respected employer Mr. Lin，the sister of Jia She and JiaZheng in the RongMansion. Her name，before she married，was JiaMin.

本例中，“贵东家”是汉语的一种特有尊称，通常适用于雇用自己的人。因此，译者将其意译为“your respected employer”，将人物之间的身份关系清晰地展现在译入语读者面前。

（二）东西风文化的翻译

英汉东风、西风文化的内涵具有巨大差异，在翻译时通常采取直译、意译两种方法。

1. 东风文化的翻译

（1）直译法。直译法有利于将原文的含义简洁、直观地呈现在译入语读者面前。

例如，草色青青柳色黄，桃花历乱李花香。东风不为吹愁去，春日偏能惹恨长。

译文：The yellow willow waves above；the grass is green below. The peach and pear blossoms in massed fragrance grow. The east wind does not bear away the sorrow at my heart. Spring is growing days but lengthen out my still increasing woe.

本例在翻译原文中的“东风”时采取了直译法，将其译为“east wind”。随着英汉文化的不断交融、不断深入，很多英语读者都了解汉语“东风”的含义，因而直译法不仅不会带来理解上的偏差，还能够更好地将原文的风格体现出来。

（2）意译法。在很多情况下，受上下文语境或作者写作意图的影响，原文中的“东风”常用来表达特殊的含义。此时，译者可采取意译法，以便将其深刻内涵传译给译入语读者。

例如，草木也知愁，韶华竟白头！叹今生谁舍谁收？嫁与东风春不管，凭尔去，忍淹留。

译文：The willow too knows what it is to yearn；In early prime her head turns white，She laments her life but has no one to whom to turn. The spring breeze to whom she is wedded no pity will show，leaving it to chance whether to stay to go.

本例将“东风”意译为“the spring breeze”，真实地再现了原文的文化内涵。

2. 西风文化的翻译

（1）直译法。直译法的使用有利于原文含义的直接呈现，有利于译入语读者对原文信息的快速接受与理解。

例如，It's warm wind，the west wind，full of birds cries I never hear the west wind but tears are in my eyes，for it comes from the west lands，the old brown hill，and April's in the west wind，and daffodils.

译文：那是一种温暖的风，西风吹时，万鸟争鸣；一听西风起，我眼眶中泪盈盈，因为它是来自西土，那褐色的故乡边，春天就在西风中到来，还有水仙。

本例的翻译采取了直译法，将诗人对故乡的思念淋漓尽致地传译给了译入语读者。

（2）意译法。翻译过程中使用意译法，一方面可以传译原文的深层内涵，另一方面可带领译入语读者领略原文的意境。

例如，Thine azure sister of the spring shall blow her clarion over the dreaming earth.

译文：但一朝，你那东风妹妹回来，为沉睡的大地吹响银号。

本例中，将“sister of the spring”意译为“东风妹妹”，既与诗歌主题“西风颂”相呼应，又与汉语的表达习惯相一致。

（三）动植物文化的翻译

动植物的文化内涵在英汉两种语言中既有相似之处，又存在诸多差异。这就要求译者在翻译过程中应根据具体语境的不同对翻译方法进行灵活运用。

1. 动物文化的翻译

（1）保留形象直译法。当动物词汇在英汉两种语言中具有相似或相同的联想意义时，译者可采取保留形象的直译法，既可使译文与译入语读者的语言表达习惯相吻合，又能将原文的含义与神韵充分表达出来。需要注意的是，只有在不会引起错误理解，且与译入语语言规范不违背的情况下，才可以使用保留形象直译法。例如，as faithful as a dog 像狗一样忠诚、to play the lute to a cow 对牛弹琴、feel just like fish in water 如鱼得水等。

（2）舍弃形象意译法。英汉两种语言中的动物词汇所具有的文化内涵不尽相同。因此，当它们的意义出现偏差时，译者不能一味直译，而可将其文化形象舍弃并采取意译的方法。意译法的使用有利于正确引导译入语读者的理解，从而将其深层含义传译出来。例如，be like a bear with a sore head 脾气暴躁、top dog 最重要的人物、big fish 大亨等。

（3）变换形象意译法。在某些情况下，当需要表达同一种联想意义时，英汉两种语言会使用不同的动物形象。此时，译者可将源语中的动物名称替换为译入语中具有相同联想意义的词汇，这种译法可以大大缩短译入语读者的理解时间。例如，as talkative as a magpie 叽叽喳喳像麻雀。汉语文化中的喜鹊象征着幸运、喜庆，当需要表达“吵闹、唠叨”之意时，常使用麻雀的形象。相反，英语中则常用 magpie（喜鹊）来喻指“唠叨”。因此，为降低汉语读者的理解难度，译者将源语中的 magpie 直接变换为“麻雀”。

2. 植物文化的翻译

（1）直译法。如果某一植物名词在英汉两种语言中具有相同、相似的联想意义，译者可对其进行直译，以更好地体现其文化内涵。

例如，莺儿忙道：“那是我们编的，你老别指桑骂槐。”

译文：“We made that,” cut in Yinger. “Don't scold the locust while pointing at the mulberry.”

本例中，“指桑骂槐”被译为 scold the locust while pointing at the mulberry，可见译者采取了直译法。

（2）意译法。用植物词汇来特指某一含义的用法在英汉语言中都是存在的。当译者面对这样的表达方式时，可在不拘泥于原文表达形式的基础上，将其准确含义合理译出，即采取意译法。例如，apple of the eye 掌上明珠、as red as a rose 艳若桃李等。

（3）加注法。有时，一些植物名称蕴含着丰富的历史文化信息，且其内涵很难为其他语言国家的人所理解。因此，译者可先进行直译，然后在此基础上，对具有文化内涵的内容，进行适当的解释与说明，即采取加注法。例如，as like as two peas in pot 锅里的两粒豆（一模一样）。

（4）引申法。英汉语言中的很多植物名称都与典故有着千丝万缕的联系。在对这类植物词汇进行翻译时，拘泥于其字面意义是远远不够的，还应对该历史典故有深入的了解，并在翻译时着力表达词汇的内在深层含义，这样才能保证译文的准确性。

二、语言文化的翻译

（一）语言文化的词汇翻译

在对词汇进行翻译时，需要根据具体的情况选用不同的翻译方法。下面介绍一些词汇翻译常用的方法。

1. 词义引申翻译法

词义引申翻译法是在翻译时根据词的基本释义，结合上下文对词义进行必要的引申与演化，使译文做到忠实于原文。词义的引申主要包含两种情况：抽象化引申与具体化引申。例如，I have no head for English. 我没有英语方面的天赋。本例中，原文中的 head 一词并没有被译为“头”，而是将其引申为“天赋”。

2. 词类转译翻译法

英汉两种语言在词类与结构方面都有各自的特点，存在很多差异。因此，翻译时不能采取逐词对译的方法，而应根据具体需要对原文的词进行恰当的转译，使译文忠实于原文，并符合译入语的表达习惯。这一翻译方法就是词类转译翻译法。词类转译翻译法主要包括以下几种情况：

（1）转译为名词。在英汉词汇翻译中，英语中的一些形容词、动词、副词均可以转译文名词。例如，The wounded were given first aid. 伤员们得到了急救。

（2）转译为动词。英语中有很多词类，如形容词、名词、副词、介词等在翻译为汉语时，都可以转译为动词。例如，Success is dependent on his efforts. 成功与否取决于他的努力。

（3）转译为形容词。英语中的名词、副词在汉译时可以转译为形容词。例如，Independent thinking is an absolute necessity in study. 独立思考对学习是绝对必须的。

（4）转译为副词。英语中的一些名词、形容词、动词，翻译时可转译为汉语中的副词。例如，The boy in the seat is studying the old woman beside him with interest. 座位上的那个男孩正好奇地打量着他旁边的那位老妇人。

3. 增译翻译法

增译翻译法是指在翻译时增加一些必要的词语，以使译文更忠实地表达原文的思想内容，同时又符合译入语的语言习惯。增译法主要有以下两种情况：根据意义需要增译和根据语法需要增译。

（1）根据意义需要增译。根据意义需要增译是指在翻译时，由于文化差异，将原文中不易被译文读者所理解的部分或原文的隐含义，在译文中补充出来，从而更准确地表达原文中的概念。例如，Both sides are willing to hold face-to-face talks in order to easetension. 双方都愿意举行面对面的会谈以缓和紧张局势。

（2）根据语法需要增译。根据语法需要增译主要包括以下几种情况：

第一，增加表示名词复数的词。英语中的可数名词有单数与复数之分，而汉语名词不存在单复数的变化。因此，在英译汉时，需要增加一些可以表示名词复数的词，如数词、重叠词等来表达。例如，The lion is the king of animals. 狮子是百兽之王。

第二，增加动词。在英语中，为了避免信息的重复，常使用并列句和省略句，译成汉语时可以增加适当的汉语动词。例如，Reading makes a full man；conference a ready man；writing an exact man. 读书使人充实，讨论使人机智，写作使人缜密。

第三，增加量词。英语中的数词和名词可以连用，之间没有量词，而汉语需要借助量词。英译汉时应增加合适的量词以修饰名词。例如，A red sun rose slowly from the calm sea. 一轮红日从平静的海面冉冉升起。

第四，增加概括词。例如，Form is takes had been made，bad ones. 因为已经犯了很多错误，而且还是很糟糕的错误。

第五，增加表示时态或语态的词。英语动词的时态和语态是通过动词的词形变化或增加助动词来表示的，在汉语中没有与之相对的表达。因此，英译汉时需要增加汉语中表达相同意义的词。例如，Contemporary natural sciences are now working for new importance. 当代自然科学正在酝酿新的重大突破。

第六，增加副词。英语中的一些词语在汉译时需要根据上下文增补副词，从而更准确地传达原文的意思。

第七，增加语气助词。汉语中存在大量的语气助词，如“啊”“吧”“啦”“呢”等，这些词主要用来帮助表达语气，没有实际的词义。在英译时，可以根据原文的语气与意义，增补合适的汉语语气助词。

（4）减译法。所谓减译法，是指在符合译文表达习惯的前提下，将原文中的有些词省略不译。通常是译文中虽无其词，但已有其意，或是属于可有可无的词，翻译出来违背译文的语言习惯的情况。减译法包括两种情况：根据语法需要减译与根据修辞需要减译。

第一，根据语法需要减译。根据语法需要减译是指翻译时对各种词类和一些特殊句式进行的省略处理。①省略冠词。英语中有冠词，汉语中没有冠词，如果英语冠词表示一类事物，在汉译时可以省略。②省略代词。英语中使用代词的情况要多于汉语，在英译汉时，应根据汉语习惯省略原文中的某些代词，从而使译文表达自然、流畅。③省略介词。英语中有很多介词，而汉语的介词数量相对较少。英译汉时，应注意适当省略介词。④省略连接词。英语中常常使用连接词，而汉语则恰恰相反。因此，英译汉时通常需要省略连接词。

第二，根据修辞需要减译原文出于修辞需要会重复一些词语，在翻译时可根据译文表达习惯省略不译。例如，He speaks quickly, the tone of his voice so commanding that it silences everyone. 于是他很快地讲了一番话，其语气非常威严，竟使所有人都安静了下来。

（二）语言文化的句法翻译

1. 从句翻译

英语从句主要可以分为三类：名词性从句、定语从句和状语从句。下面分别对这三类从句的翻译技巧加以介绍。

（1）名词性从句的翻译。英语名词性从句又可以分为主语从句、宾语从句、表语从句和同位语从句，具体从以下方面探讨。

第一，主语从句的翻译当主语从句是以 what、whoever、whatever 等代词引导时，可以按照原文的顺序进行翻译。例如，Who ever did this job must be rewarded. 无论谁干了这件工作，一定要得到酬谢。当主语从句是以 it 作形式主语时，翻译时应依据具体的情况来处理，有时需要将主语从句提前，有时也可以不提前。例如，It is strange that he did not see his own shortcomings. 真奇怪，他竟然没有看出自己的缺点。

第二，宾语从句的翻译。当宾语从句是以 what、that、how 等词引导时，可以按照正常语序进行翻译。例如，This is what he exactly needs. 这是他真正所需要的。如果宾语从句中由 it 作形式宾语，翻译时，一般 it 不译，宾语从句的语序则需要按照原句顺序译出。例如，I regard it as an honor that I am chosen to attend the meeting. 被选中参加会议，我感到光荣。

第三，表语从句的翻译。在翻译英语表语从句时，通常可以按照原文顺序进行翻译。例如，That is what she wants to do. 那就是她想做的事情。

第四，同位语从句的翻译。在对英语同位语从句进行翻译时，通常可以按原文顺序直接翻译。有时，也需要借助“即”“以为”或冒号、破折号来连接主句和从句。例如，He expressed the hope that he would come to visit Chinese again. 他表示希望能再到中国来访问。

（2）定语从句的翻译。英语定语从句包括两种：限定性定语从句与非限定性定语从句。下面就来介绍这两种定语从句的翻译。

第一，限定性定语从句。限制性定语从句的翻译可以采取以下方法处理：①前置法。前置法是将限制性定语从句译成带“的”字的定语词组，并将这一定语词组置于被修饰词的前面，这样就将英语的复合句翻译成汉语的简单句。在对简单的定语从句进行翻译时，常采用前置法。②后置法。如果英语定语从句的结构比较复杂，若译为汉语的前置定语则显得太长，这时可以采用后置法，译为后置的并列分句。这主要有两种情况：省略英语先行词，译成并列分句；重复英语先行词，译成并列分句。③融合法。融合法是将原句中的主句与定语从句进行融合，构成一个独立句子的翻译方法。

第二，非限定性定语从句。非限制性定语从句的翻译通常可以采取以下方法：①前置法。前置法就是将英语非限制性定语从句译成“的”字的前置定语，并将其放在被修饰词的前面。②后置法。后置法是将非限制性定语从句译为独立的分句或并列分句。

（3）状语从句的翻译。英语状语从句可以分为五种，即原因状语从句、时间状语从句、目的状语从句、让步状语从句与条件状语从句。下面就对这几种状语从句的翻译进行介绍。

第一，目的状语从句的翻译。目的状语从句有时可译为表目的的前置状语，有时也可译文表目的的后置状语。例如，We should start early so that we might get there before noon. 为了在正午以前赶到那里，我们应该尽早动身。在本例中，译文将原文的 so that 引导的目的状语从句译为前置状语分句。

第二，原因状语从句的翻译。原因状语从句通常可以译为表原因的分句或因果偏正句的主句。例如，The book is unsatisfactory in that it lacks a good index. 这本书不能令人满意之处就在于缺少一个完善的索引。本例将原文的原因状语从句译为表原因的分句。

第三，时间状语从句的翻译。在对时间状语从句进行翻译时，应结合语境，通过理解其深层含义，选取正确的翻译方法。下面以 when 引导的状语从句为例加以说明。在翻译 when 时间状语从句时，不能拘泥于表示时间的一种译法，而是应该考虑具体的语境，采用合适的翻译方法进行处理。例如，He shouted when he ran. 他一边跑，一边喊。（译为并列句）

第四，条件状语从句的翻译。条件状语从句通常可以采取三种译法：①译为表“假设”的状语分句；②译为表“条件”的状语分句；③译为表“补充说明”的状语分句。例如，Granted that this is so，what follows？假如情况是这样的，下一步将如何呢？（表“条件”）

第四，让步状语从句的翻译。在翻译让步状语从句时，可译为表“无条件”的状语分句或者表“让步”的状语分句。例如，While this is ture of some，it is not true of all. 虽有一部分是如此，但不见得全部是如此。（表“让步”）

2. 长句翻译

由于英语重形合，因此英语中有很多长句。长句的翻译常采取以下几种方法：

（1）顺序法。当原文中长句的表达顺序与目的语的表达顺序一致时，翻译时一般可以按照原文的顺序将其翻译成相应的目的语。这种翻译方法就是顺序法。需要注意的是，顺序法并不意味着每个词都按照原句的顺序翻译，而应根据具体需要灵活变通。

（2）逆序法。很多时候，英语长句的表达与汉语表达相同意思的句子在表述顺序上存在很大的不同，有时表达顺序甚至完全相反，翻译时需要采取逆序法，逆着原文顺序从后向前译。

（3）分译法。分译是指将英语句子中某些成分（如词、词组或从句）从句子中拆出来另行处理，从而利于句子的总体安排，同时突出重点。当英语长句中的主句与从句或主句与修饰语之间的关系不那么密切时，翻译可以采取分译法，将长句中的成分加以拆分，从而符合汉语表达习惯。

（4）综合法。在翻译实践过程中，对长句的翻译往往不能只采用一种翻译方法，而是综合使用多种翻译技巧，从而使译文更加准确、自然、流畅。

3. 否定句翻译

（1）部分否定句的翻译。部分否定句指的是句子含义同时包含部分否定和部分肯定的意思。部分否定句一般由代词或者副词如 all，both，always 等与否定词 not 搭配构成，一般可以译为“不全是”“并非都”“不总是”。例如，Both the windows are not open. 两扇窗户并不都是开着的。

（2）全部否定句的翻译。全部否定就是对句子否定对象进行完全、彻底的否定。一般构成这类否定的词语有 no、none、never、nobody、nothing、neither…nor、not at all 等。在对全部否定句进行翻译时，通常只需要将否定词直译出来即可。例如，Lily is no scientist. 莉莉根本不是科学家。

（3）双重否定句的翻译。双重否定是在同一个句子里出现两个否定词，或一个否定词与某些表示否定意义的词连用。在翻译双重否定句时，可以将其译为汉语的双重否定句，也可以译为汉语的肯定句。例如，There is no smoke without fire. 无风不起浪。

4. 被动句翻译

英语被动句在汉译时通常有以下处理方式：

（1）译为被动句。有些英语被动句的形式较为单一，翻译时可以译成汉语被动句式。例如，He had been fired for refusing to obey orders from the head office. 他因拒绝接受总公司的命令而被解雇了。

（2）译为主动句。将英语中的被动句译为汉语主动句，通常需要保留原文的主语，不译出“被”字，避免误解的产生。例如，Every moment of everyday，energy is being transformed from one form into another. 每时每刻，能量都在从一种形式变为另一种形式。

(3) 译为无主句。英语句子结构较严谨，其表达会受严格的主、谓、宾结构限制，而汉语句子结构则较为灵活，甚至有时句子可以没有主语。这时，可以将原文的被动句译为汉语的无主句。例如，The unpleasant noise must be immediately put to an end. 必须立刻终止这种讨厌的噪声。

(4) 译为"把""使""由"字句。有些英语被动句在翻译时，可以译为汉语中的"把"字句、"使"字句、"由"字句。例如，Traffic in that city was completely paralyzed by the flood. 洪水使那座城市的交通彻底瘫痪。

(三) 语言文化的语篇翻译

语篇的翻译应以词和句子的翻译为基础，注重语篇的连贯性，语篇段内的连贯性、段与段之间的连贯性以及篇章语域等。具体而言，语篇翻译应注意以下两个方面。

1. 语篇翻译的衔接

衔接，即上下文的连接，可以使语义连贯、行文流畅。在语篇语言学中，衔接是语段与语篇的重要特征。衔接对语篇翻译十分重要。衔接是否恰当对读者是否理解和接受语篇信息或话题主旨起着关键性的作用。

在具体的语篇翻译实践中，译者首先应对原文语篇有一个正确的理解，然后采用恰当的衔接手段将句子与句子、段落与段落之间组织起来，从而组成一个完整或相对完整的语义单位。假如有必要，可对原文中的衔接方式进行转换。

2. 语篇翻译的连贯

衔接是通过词汇或语法手段将语篇上下文连接起来；而连贯则是在信息发出者与信息接受者相互了解的前提下，通过逻辑推理方式使语篇的语义连贯起来。因此，衔接是篇章的有形网络，连贯是语篇的无形网络。

在对语篇进行翻译时，译者应将句内、句间或段间的关系充分表达出来，理解原文语篇的意义与题旨，体会上下文的连贯意义，从而提高译文的质量。

衔接是语篇的外在形式，连贯是语篇的内在逻辑联系。只有外在形式与内在逻辑统一起来，才能组成语篇。就语篇翻译而言，译者首先要理解原文，在此基础上了解原文作者是如何运用衔接手段来达到语篇连贯的，保证衔接与连贯的一致性，借助形式表达与逻辑表达达到准确转换英汉语言的目的。

第二节　色彩文化与数字文化的翻译

一、色彩文化的翻译

色彩文化是人类社会文化的一个重要组成部分。世界上存在缤纷的色彩，人类用不同的语言来描述多彩的颜色，并赋予了色彩特定的含义。就英汉语言而言，尽管表示色彩的词汇在两种语言中存在一些共性，但是中西方由于在生活习惯、地理环境、民族心理等方面存在诸多差异，色彩在英汉两种语言中的内在含义也有很多不同之处。对英汉色彩进行对比分析，有利于更好地进行色彩文化的翻译。

根据上述对英汉色彩文化的对比分析可知，色彩词在英汉语言中被赋予了不同的文化内涵，具有丰富的社会意义。在色彩文化的翻译过程中，译者可以采用以下翻译方法：直译翻译法、改写翻译法、解释性翻译法。

（一）色彩文化的直译翻译法

在对英汉色彩文化进行翻译的过程中，当色彩词表示基本的直观含义时，则通常采取直译法进行处理。

（二）色彩文化的改写翻译法

采用改写法翻译色彩词时主要有三种情况：替换色彩词、省略色彩词、增加色彩词。下面逐一进行分析。

1. 更换色彩词

英汉两种语言中有一些色彩词，其感知的色彩印象存在一定的差异。源语与目的语都有其自身的表达方式，文化差异十分明显。在对这类色彩词进行翻译时，应首先了解其基本含义，在此基础上，结合文化内涵，采用转译法进行翻译处理，即根据译人语的表达习惯改换颜色词进行翻译。例如，black tea 红茶，由于茶叶是黑色的，因此西方人称为 black tea，但是茶色泡出的颜色为红色，因此应采取转译法，将 black tea 译为“红茶”。

2. 减少色彩词

在一些固定的搭配词组中，很多表示色彩的词不再含有色彩的意义，在翻译时，也应采取转译法，将原文的色彩词省略不译。例如，A white elephant 耗费巨大却无实用价值的东西，Sing the blues 悲观、抱怨，Green as grass（as）初出茅庐的、容易受骗的等。

此外，英汉中的色彩词还可以用来描述人的情感或精神外貌，但是从使用的深度和广度上来看，前者都胜于后者。汉语中可以用于该目的的通常有红色、黑色、黄色、白色、紫色，而英语中除 orange 之外，其他色彩词都可以用于这一目的。在翻译这类色彩词时，也应采取转译法。

3. 增添色彩词

在翻译过程中，如果源语中所表达的隐喻意义或象征意义难以在目标语中找到相对应的表达，译者可以采用增词法使作者的思想准确地传达出来。

（三）色彩文化的解释性翻译法

在翻译一些具有文化内涵的色彩词时，可以采取解释性翻译法，使译入语读者更好地理解其文化背景。例如，Yellow Journalism 黄色新闻编辑作风（指不择手段地夸张、渲染以招揽或影响读者）。

在对英汉色彩文化进行翻译时，译者在考虑文化共性的相应性的同时，更重要的是注意文化个性的冲突。在对色彩词进行准确理解的前提下，将文化内涵、文本类型、文体风格等因素予以考虑，同时注意源语色彩词的基本意义及其文化引申义，选择合适的翻译方法进行翻译，从而提高翻译的效率。

二、数字文化的翻译

英汉数字所承载的文化内涵体现出很大的差异，因此在翻译时，译者除了要了解数字的基本含义之外，还应准确地把握其文化含义，采取恰当的翻译方法。概括而言，英汉数字文化翻译主要可以采取直译翻译法、改写翻译法以及解释性翻译法。

（一）数字文化的直译翻译法

在英汉数字文化翻译中，直译翻译法是最简单、最省力的方法。直译翻译法即保留原文中的数字直接进行翻译的方法。例如，a drop in a ocean 沧海一粟、reach the sky in one step 一步登天。

（二）数字文化的改写翻译法

无论是英语还是汉语中，都有一些数字具有特定的文化背景或特定的语言表达习惯，在翻译这类数字时，可以采取改写法，使译入语读者更好地理解原文所表达的意义。在翻译英汉数字时，改写法主要包括更换数字、减少数字、增添数字三种情况。

第一，更换数字。由于存在文化差异，英汉两种语言中的数字表达并不完全对应，这时可以根据具体情况转换原文的数字进行翻译。例如，think twice 三思后行、in threes and fours 三三两两。

第二，减少数字。有时，在对英汉数字进行翻译时，可以采取省略法，即原文中的一些数字省略不翻译，以符合目的语的语言表达习惯。

第三，增添数字。在翻译过程中，有时可以在译文中增加一些数字，从而使译文表达更为形象、生动。

（三）数字文化的解释性翻译法

解释性翻译法多用于翻译英汉数字习语。具体而言，在翻译英汉数字习语时，应先将字面意义翻译出来，然后添加注释予以说明，从而使原文的比喻形象得以保留，同时忠实地再现原文的含义。

数字不仅用于计数，同时还蕴含着丰富的文化信息，形成了特有的数字文化现象。在英汉数字文化翻译时，译者对英汉语言与文化的了解与把握是准确传达数字含义的前提。

第三节　姓名文化与称谓文化的翻译

一、姓名文化的翻译

姓名是社会上每一个独立的个体所特有的标志，是生活中与每个人相对应的特定指称。姓名总体上是区别性符号，然而姓名既是历史，也是文化；既是故事，也是画卷。反映当时当地的经济发展状况、思想文化传统及人们的风尚习俗，内涵丰富，引人入胜。英语姓名的文化内涵极其丰富，诸多姓名不但折射英语国家的历史文化，反映时代特征，而且还寄寓着人们的情感和希望。透过英语姓名这个窗口，可以深入了解英语民族特有的文化。

（一）英语姓名的主要构成

英语国家的姓名一般由“名”“姓”两部分组成，其排列顺序正好与中国的“姓”+“名”相反，如 Mary Robinson（玛丽·罗宾森）中，Mary 为名，Robinson 为姓。也有人有两个或两个以上的名，按照“首名（First Name，简称 FN）”+“中名（Middle Name，简称 MN）”+“姓”（Last Name，简称 LN）的次序排列，如 Linda Jane Smith（林达·简·

史密斯）中，Linda 为首名，Jane 为中名，Smith 为姓。英美人在大多数情下只使用一个名字，即首名，它们是孩子出生后命名的，一般由父母或牧师来取。只有在办理公务或签署文件时才使用中名甚至第三个名字，中名多是以父母亲朋的某个名来命名的，表达本人与父母亲朋之间的关系。

（二）英语姓氏的主要来源

中国人很早就有姓，而且把姓视为血缘关系、传宗接代最重要的标志，以姓聚族而居，建宗祠、立家庙。可是，英国人在历史上很长一段时间内却只有名而没有姓，这种只有名没有姓的情形一直延续到 10 世纪。为避免重名，人们一般采用副名加以区别，即在名字后面加上修饰语，说明该人或其祖先的居住地、职业、地位、家系、身体或性格特点等，由此构成英语姓氏的基础，也是英美人士名字在前姓氏在后的缘起，在很长一段时期，姓氏是因人而异的。兄弟异姓，个人因时易姓的现象并不少见。后来，由于社会发展的需要，这种修饰语便逐渐固定下来，到了 14 世纪末终于演变成世代相传的姓氏。英美人在给孩子取名时是很慎重的，并受他们的文化习俗和价值观的影响。所以，看似简单的英语姓氏，却能体现出各自不同的身世或文化背景。英语姓氏是研究英语民族社会历史文化的活化石。但和我们是截然不同的，他们常以父母亲朋或自己的名字为孩子命名。

二、称谓文化的翻译

称谓即人们在交际中用于称呼对方的词语，具有重要的社会功能：它是称呼者对被称呼者的身份、地位、角色和相互亲疏关系的认定，起到保持和加强各种人际关系的作用。每一种语言，经过长时间的发展和演变之后，都会形成各自独特的称谓体系和使用规范。称谓语是社会语言学家较早开始关注的言语行为，因为在每种语言中，在每个社会中，只要人们相互交谈，就涉及如何称呼对方的问题。

称谓分为社交称谓和亲属称谓两大类，社交称谓指对亲属之外所有其他人的称呼用语，亲属称谓指对亲属的称呼用语。

（一）社交称谓

从社会语言字的观点来看，社交称谓具有极其丰富的社会和文化内涵，是社会中权势性和平等性的象征。权势性指上下或尊卑关系，也可依长幼、职业差别、教育高低等来定；而平等性则指平等关系，可指社会特征（性别、年龄、出生地、种族、职业）的一致性，彼此关系的亲密。

（二）亲属称谓

亲属称谓有正式和非正式说法，例如 father（父亲）和 daddy（爸爸）。在书面语、正式场合和间接称谓中，一般用正式说法，如“祖父”（grandfather）和“祖母”（grandmother）。在口语、非正式场合和直接称谓中，一般用非正式说法，如“爷爷”（grandpa）和“奶奶”（grandma）。英语和汉语中，长辈对晚辈，经常称呼名字，而不常使用亲属词。汉语中，晚辈直接称谓长辈，一般总是要使用亲属词，而不能使用名字，如果晚辈用名字直接或间接称呼长辈，会被认为是不敬的表现。但英美人在未成年时除使用亲属词称谓长辈外，有时也可称呼名字（first name）。例如，小孙子可以直接称呼他的老爷爷为 Tom 或 George，而不一定叫 Grandfather 或 Grandpa。英美人在成年后更多使用名字称谓长辈，而很少使用亲属词。这点和中国人有很大的不同。

在亲属称谓方面，汉语民族主要受其宗法血亲关系的制约。中国人习惯用表示血亲关系的名词来称呼家人、亲属，甚至会将此类称呼用于朋友和陌生人，以示亲近，而西方人则很少这样做，中国人很难想象美国孩子竟会对其长辈直呼其名。

（三）称谓的使用

总体而言，称谓的使用有两种模式，即对称性模式和不对称性模式。通常朋友之间关系比较亲密的人之间使用名字，而对刚刚认识的人或关系疏远的人使用称谓加姓氏。不对称性模式是指谈话中一方用名字称呼另一方，而另一方却用称谓加姓氏称呼自己。采取何种称谓取决于两个因素：权力（社会地位）和人与人之间的亲密程度（社会距离的远近）。谈话中社会地位或级别较低者对上级所使用的称呼是不对称的，体现了对上级的尊敬。同样的称呼如果用于地位相近的人，则体现彼此之间关系比较疏远，并且显得非常正式。同样，在不对称性模式中上级对下级所使用的称呼也是其权力的体现，同样的称呼如果用于同级别人，则表明彼此之间社会距离较近，较亲密，也显得非常随意。

一些情况下，尤其是双方经过一些接触，相互有了一定的了解，关系发生变化之后，即使是以英语为母语的人也无法确定用何种称谓合适。这时，通常是地位高的人先从正式称谓向非正式称谓转变。如果年轻人或地位低的人无法确定是否也要使用非正式称谓，这时，最明智的做法就是采用零称谓，即避免使用任何称谓。实际上这种做法在讲英语的人当中相当普遍。初学英语者对于在纷乱的语境中如何称呼往往不确定，如果能够巧妙地使用零称谓，就可以避免一些不必要的尴尬和麻烦，作为英语教师，向学生解释清楚这一点，无疑将对学生很有帮助。

第四节　成语文化与谚语文化的翻译

一、成语文化的翻译

成语（idiom）是习语（俗语）的一种，是各个国家和民族语言中不可或缺的部分，含有丰富的社会和文化内涵，是人类在长期的社会实践中总结出来的语言精华。可见，英语成语是不可预见其意义的固定词组，其表述之义往往不是其单字意义的总和。在英语语言表达的生动性、凝练性及使用的程度等方面，要首选成语。英语成语一方面源远流长；另一方面顺应社会的发展不断有新的成语出现，学习英语成语不是一朝一夕的事情。一定数量的成语对于了解英语国家的社会与文化、融入以英语为本族语的人群具有十分重要的作用。

（一）英语成语的特性

第一，语义的整体性。在英语中，成语大都是作为一个整体出现的，其意义往往难以从其中的单词猜测出来，也就是说，组成成语的各个单词除了表达成语的整体意义外，往往不能再表达其他的意义。

第二，结构性的稳定性。结构的稳定性也叫句法限制，即指成语的形式固定，其中各个单词不能被替换或是以别的形式出现。

第三，民族特色性。相当数量的英语成语的形成有着政治和文化历史的渊源，所以字面意思与实际含义时有天壤之别，不能望文生义，也不能一知半解就拿过来使用。

除了上述主要特性以外，还有一些英语成语从字面上看是违反语法规则的，还有一些则是违背逻辑的。为此，学习者在碰到英语成语时要加倍小心，稍不留神就会出现偏差。

（二）英语成语的类别

从跨文化比较的目的出发，将其分为短语动词和习语讨论。

1. 短语动词

短语动词是成语的一种，由一个动词加上一个小品词构成，如 look into（调查）。这个小品词要么是副词，要么是介词。短语动词也可由一个动词、一个名词和一个介词构成，如 take care of（照料）。

在 1500 多年的历史中，英语变得越来越简单了，英语失去了大多数的屈折词尾。没有人能够确切地说明在英语倾向于简化的同时，怎么出现了这么多的短语动词。或许是因为英国人民喜欢单音节词，喜欢用它们的组合来表达那些多音节的外来语的意义。英国人喜欢在日常交流中使用单音节词，否则，它们也不会发展成今天这个样子。

这些短语动词和与其对应的拉丁语或法语借词的概念意义相近，但社会意义不同。一般而言，短语动词多出现在英语口语中，而与之相应的单个法语或拉丁语借词一般出现在书面语中。

2. 习语讨论

短语动词只是英语成语的一部分，英语中还有数量巨大的习语。在英语的历史上，由于表示语法关系的词缀大量流失，特别是表示名词的格的词缀基本消失殆尽，英语更多地依赖词序来表达语法关系，而词序的固定则是英语习语大量涌现的土壤。

许多英语习语都与英语国家文化紧密相关。从这些习语中，我们可以看到英语民族看待事物的方式。英语成语一般都有与其对应的汉语表达方式。但通常这些英语成语和与其对应的汉语表达方式只是在概念意义上对应。它们在联想意义，特别是其中的反映意义上有明显差别。

使用英语成语时必须注意场合和对象。大多数英语成语是非正式用语，有些甚至是俚语。因此英语成语一般只能用于非正式场合，特别是口语中，比如好朋友的私下交谈。一旦是正式场合，且听者又是陌生人或不太熟悉的人，就一定要措辞谨慎或少用成语。此外，英语成语和其他语言现象一样，也在不断地进行着更新交替，因此，除了一些文学上浮夸的或旧式的成语之外，已较少出现在日常成语之列。

二、谚语文化的翻译

英语的 idiom 很容易和 proverb 混淆，前者相当于汉语的“成语”，后者相当于“谚语”。从形式上看，两者的区别是比较明显的：idiom 是短语（phrase），proverb 是句子（sentencc）。idiom 没有主谓语，故不成句；proverb 有时即使主谓不全，但是一个省略句。至于中文的成语和谚语，区别则较为含糊，一般四个字组成的称为成语，尽管有的成语也具备主语和谓语，而较长的语句为谚语。

谚语也是一种习语（俗语）。英语和汉语中都存在着大量的谚语。这些谚语是在民间流传的短小精悍的固定语句，是人们生活经验、生活智慧的结晶。英语谚语是英语民族智慧的集中体现。英语学习者通过英语谚语，可以学习英语国家思想与文化的精华，领略英语语言的精悍和传神。

（一）英语谚语的来源

英语是一种兼收并蓄的语言，在其漫长的发展过程中，汲取了欧洲多种民族语言的精髓。英语谚语更是博采众长，特别是从古希腊、罗马文化中汲取了大量的营养。而英语国家的作家、思想家，如培根、莎士比亚、蒲柏和富兰克林，则为这座宝库增添了更多丰富多彩的内容。但是，英语谚语的主体还是来自民间。早在8世纪上半叶，英语谚语就开始流行了。英语中大部分生动的谚语都是田间的农民、作坊工人、村中的猎手、海上的水手、家庭的主妇或厨师的口头创作，那些无从考证而又家喻户晓的谚语是普通民众长期积累、流传下来的思想火花与语言经典。英语谚语素有“俗谚”“雅谚”之分，前者源自民间口语的诸语，后者则源自古希腊罗马文明、英语文学名著的谚语。

第一，雅谚。英语中有相当一部分谚语源自古希腊罗马文明和英语文学名著。与源自民间口语的谚语不同，这些谚语一般涉及典故，或多或少带有些书卷气，故称雅谚。

第二，俗谚。源自民间口语的俗谚，以世态人情为材料，以经验知识为依据，是人民大众生活和生产的缩影，也是他们经验的积累和总结，揭示了他们对客观世界的认识和感悟，也表露了他们的心理诉求和祈望。

（二）英语谚语的修辞手法

谚语作为民间文学，具有诗的活泼、文的凝重，因而在各种文体中都很常见。如果稍加留意，不难发现英语谚语运用了许多修饰手法，例如（反义）对比、比喻、拟人、典故、倒装、省略、平行、重复和押韵等。这些修饰手法的运用，常令人耳目一新，让人难以忘怀。

第一，比喻。比喻是英语谚语的主要修辞手法。比喻就是以此喻彼，它有一个基础（心理联想）和四项要素（即本体、喻体、相似点、相异点）。比喻可分为明喻、暗喻、换喻和提喻。

第二，拟人。拟人实际上也是一种比喻，即把无生命的事物或抽象概念看成有生命的东西来加以谈论。

第三，夸张。夸张手法运用丰富的想象，在数量、形状或程度上加以渲染，以增强表达效果，具有诙谐、讽刺、褒贬的功能。

第四，押韵。为做到音韵美，许多英语谚语巧用头韵和尾韵来增强表达效果。一般成语、谚语让人过目成诵，正是得益于此法。

第五，双关。双关是指巧妙地利用同音异义或同形异义等现象，使词或句子具有两种不同的含义，从而创造含蓄、奇特而又不失幽默的表达效果。双关分为语义双关和谐音双关两种。语义双关即利用一词多义的特点，使语言表达的内容有两种不同的理解；谐音双关即利用词义根本不同的谐音词构成的双关。

第六，省略。英语经常省略句子中的某些成分，以求言简意赅、朗朗上口的效果。

第七，重复。重复是指某词或词组的重复使用。英语谚语有时省略某些成分使语义简明，但有时也要重复相关词，以使语义突出。

第八，对照。对照是把两种不同的事物并列出来，互相衬托，或是把一种事物的正反两方面并列起来，以便更加鲜明、更加全面地表现事物的本质。

第五章　不同文化语体的英语翻译实践

第一节　新闻与文学语体的英语翻译

一、新闻语体的英语翻译

新闻就是以报刊、广播、电视等大众传播工具为依托，向公众传播的信息，是由于文化、价值观念和意识形态存在差异，人们的观察视角和侧重点不同，人们对新闻的界定也是纷繁芜杂，尚无完全认可的、统一的新闻界定。

"新闻信息大众传播的目的性和传播方式的多样性决定了新闻语体功能交融的必然性。"① 新闻语体即在新闻中使用的语体。在英美国家，新闻一般根据纪实性被分为软新闻（soft news）和硬新闻（hard news）。简讯（news brief）、新闻报道（straight news）和深度报道（in-depth reporting）被称为硬新闻，而评论（comment）和特写（feature）则被称为软新闻。在汉语中新闻包括消息、通讯、新闻特写、深度报道等。

（一）新闻语体翻译的基本特点

1. 语言大众化

新闻的受众非常广泛，上至各领域的高官学者，下至各阶层的黎民百姓，无一不是新闻的消费者。因此，"为了适应多层次的消费者，新闻通常使用大众化的语言，以迎合广大群众的口味，缩小新闻与读者的距离，使新闻读起来有亲切感"②。

例如，Despite the progress China has made in reducing poverty and increasing life expectancy and literacy，rural citizens in China still have less access to basic public services than city dwellers，the U. N. Development Program said.

译文：联合国开发计划署称，在减少贫困、提高人口平均寿命和识字率等方面，中国

① 祝克懿．新闻语体的交融功能［J］．复旦学报（社会科学版），2015（3）：10.
② 曹文娟，张婷．英语翻译教程［M］．长春：吉林人民出版社，2019：119.

取得了很大进步。不过，与城市居民相比，为农村居民提供的基本公共服务还是较少。

在这则新闻里，新闻创作者使用了口语“rural citizens” （农村居民）对应“city dwellers”（城市居住者），而使新闻更接近群众，更容易被读者接受。

2. 语言简洁

为使用最少的版面，用最少的时间，使大众获得最丰富的信息，汉语和英语新闻的语言都尽量使用简洁的语言，做到简明扼要、言简意赅，用最少的文字表现最丰富的内容，这一点，在汉语和英语新闻的标题上，更是有突出的表现。首先，汉语新闻和英语新闻偏爱用短词以使文字简练；其次，为了简洁，汉语新闻倾向于使用缩略语和简称。另外，汉语和英语新闻都尽力在句式结构上也做到简洁。出于此目的，英语新闻经常使用分词短语、介词短语、名词短语、不定式短语等代替从句，使句子的结构更加简单、明了，使新闻的叙述更加清楚，从而使新闻接收者的思路也更加清晰。这样新闻就更容易在短时间内被受众理解、接收。

3. 用词灵活

新闻的目的是吸引大众，让大众了解国际国内最新发生的事件。出于宣传和吸引目光的目的，新闻的用词力求新颖、别致、标新立异。地名、建筑名，以及其他领域一些术语的借用是新闻的用词灵活、新颖的一个重要体现。除此之外，新闻的用词灵活、新颖还体现在一些新词的杜撰和使用上。

新闻词汇求新的另一个途径就是使用和杜撰新词。由于新闻的性质，它对社会生活中出现的新事物、新变化，以及科学技术的新成果、新理论总是最为敏感，并以最快的速度加以反映。这也导致了新闻中新词语的频繁出现。在英语新闻中由于英语构词法的特点，新词更是频繁出现。例如，e-mail、e-book、demerge 等。

4. 善用修辞

为了使新闻报道生动、形象，英语和汉语新闻都非常善于使用修辞手法，借助生动、浅显、妙趣横生的语言来阐释那些读者感到深奥、晦涩的名词、术语，使新闻在不失真实性的同时让读者增长知识。

例如，《蒙娜丽莎》日显苍老，“整容手术”迫在眉睫。

巴黎卢浮宫博物馆馆长说，《蒙娜丽莎》的芳容正日益呈现出“老态”，同时他还宣布要对这幅有着 500 年历史的名画进行科学研究。

译文：Ageing Mona Lisa worries Louvre

The Mona Lisa is showing her age, museum curators in Paris said while announcing a scientific study of the 500-year-old masterpiece.

此句运用了拟人的手法把《蒙娜丽莎》这幅画像的破损比喻为“日显苍老”和呈现“老态”，把画像的修补术比喻为“整容手术”，从而使新闻的叙述更加浅显、生动，更容易被群众接受。

5. 活用时态

英语新闻为了给读者一种现实感和新闻的及时感，经常用一般现在时表示过去，这种时态的活用在新闻的标题里出现的频率非常高。

例如，Astronomers Find “Hot” Vortex on Saturn

Astronomers using a giant telescope atop a volcano have discovered a hot spot at the tip of Saturn’s south pole.

译文：土星上发现“温暖”的极地涡流

天文学家们使用巨型望远镜在一座火山顶上观测太空，结果发现土星南极顶端有一个“热点”。

同时，英语新闻的标题中，还时常用现在时表示将要发生的事情。

（二）新闻语体翻译的主要内容

1. 标题

（1）灵活采用直译与意译。对于翻译到底是采用直译还是意译这个问题应该灵活地处理，该直译的就直译，该意译的就意译。新闻英语标题的翻译也不例外，应在准确理解原文的基础上准确翻译。如果英语标题的含义明白、直接，译成汉语以后中国读者不至于产生理解上的困难，则可直译或基本直译。例如，Looking Back to Look Ahead. 回首往昔，展望未来。

以上标题采用了直译和意译相结合的方式，译文显得自然流畅。它不仅贴切地体现了标题的原意，而且富有汉语新闻标题的典型特征：工整对仗，文采绰约。如果采用完全直译，就要译成“为了展望未来而回首往昔”或是“回首往昔以展望未来”，但这样译文的阅读效果就会受到影响。

（2）灵活处理原文中的修辞。新闻标题为了更加引人注意，往往会通过运用各种修辞技巧来达到效果。译者在进行翻译时要尽可能地体现原文修辞特点，使译文和原文在修辞上达到或基本达到吻合。

例如，After the Booms，Everything is Gloom

译文：繁荣不再，萧条即来

这则新闻标题采用了押韵的修辞手法，使得新闻标题变得生动活泼。其中的 Boom 和

Gloom 构成尾韵，而汉语译文巧妙地通过“再”和“来”这两个字颇为理想地达到了押韵的效果，读起来生动有力，朗朗上口。

（3）灵活添加注释。由于中西方文化不同，其思维方式也随之存在很多不同。这就要求译者在翻译标题的过程中应当充分考虑到不同文化和不同读者阅读心理之间的区别，对一些可能不熟悉的信息、文化背景知识以及表达方式进行必要的变通或阐释，酌情加上逻辑主语或新闻人物的国籍、消息的事发地点等补充信息。

例如，Lewis，Xie Voted World's Top Two

译文：路（易斯）谢（军）当选世界十佳（运动员）前两名

上述这则标题中的背景注释言简意赅地把有关新闻人物的情况在逻辑上或语义上有所缺损的信息完整地介绍给了读者，方便读者理解。可见，标题翻译过程中适当的解释有时是很有必要的。

（4）套用中外诗词名句。汉语和英语中都有一些脍炙人口的诗词熟句或名言名句，在翻译英语新闻标题时，酌情借用、套用读者耳熟能详的诗词熟句，很容易唤起读者的亲切感。

例如，Singaporean Film Star Gives Part of Liver to Save Dying Lover

译文：若为爱情故，肝脏也可抛

译文由眉题和正题两部分组成，其中眉题部分系套用了匈牙利诗人裴多菲的“若为自由故，两者皆可抛”这一名句并略做改动而成。这样翻译就引出了一个原本就很感人的爱情故事，在相当程度上传达了原题情真意切的意蕴。

2. **导语**

导语是对全篇新闻内容的概括，也是新闻的精髓，可以直接作为一则浓缩的微型新闻。导语通常开门见山地昭示新闻内容，一般涵盖了新闻的重要因素，会告诉读者何时、何地、何人发生了何事，有时还会告之因何而起、有何结果等。可见，导语概括出来的要点实际上是浓缩的消息，是整条消息中最关键的句子或段落，能帮助受众了解新闻的主要内容。导语是一篇报道能否吸引受众、获得成功的关键，是体现新闻价值的重要部分。新闻英语导语有不同的分类方法，下面根据这些分类介绍导语的具体翻译方法：

（1）硬新闻导语的翻译。硬导语是指开门见山地列出新闻要素的导语，其特点是更倾向于程式性叙述，可以包括概括性导语、要点式导语、标签式导语、橱窗型导语等。英语硬新闻导语一般崇尚简洁，直截了当，突出重点要素。在翻译时，一般宜采用直译的方法，在不影响内容的前提下可适当调整语序，以符合汉语的表达习惯。

（2）软新闻导语的翻译。英语软新闻导语较为随意，更具文学性，可以从人物的描写入手，也可以从趣闻逸事导入。软导语通常采取一种带有文学色彩的写作手法，使得新闻导语生动活泼、情趣横溢，以吸引受众，因此翻译时宜采取带有文学色彩的手法翻译，以保留原文的文学风格。

(3) 原因导语和方式导语的翻译。原因导语把重心放在回答 why 即“为什么”上，方式导语则注重 how 即“怎样”。英语导语中为强调原因和方式，可以把它们放在句首，把主语放在后面；而在汉语表达中，习惯上总是把人或事放在首位，因此在翻译时须注意拆分倒译。

(4) 延缓性导语的翻译。延缓性导语是一种特殊而新颖的导语，它不遵循概括性导语或事实性导语所必须做到的直截了当、开门见山的写作原则，而是采取一种带有文学色彩的写作手法，使导语更生动活泼、情趣横溢，以激发读者的兴趣。延缓性导语一般用来创造一种现场感或制造一种气氛，以反映报道的主题。

(5) 引语性导语的翻译。引语性的新闻导语通过引用消息中主要人物关键性或针对性、有代表性或有新意的谈话，来增强消息的真实性、可信度与权威性。引语性导语通常分为完整引语性导语和部分引语性导语。引语的意义常常受制于语境，因此在翻译时要十分重视“话外境”，谨慎选用贴切的词语。

3. **正文**

(1) 注意区分主次信息，调整句子结构。区分主次信息，调整句子结构是英译汉的主要手段。具体体现在以下两个方面。

第一，用介词短语作状语传递次要信息。

例如，我们围绕解决经济运行中的突出问题，注重增强宏观调整的预见性、及时性和有效性。

译文：We have worked hard to make macro-economic regulation, responsive and effective, with focus on resolving major problems effecting economic performance.

例中有两个小句，其中第二个小句是主要信息，第一个小句是有关细节内容，是次要信息。译文将其改译成一个句子，主要信息被用来作为句子的主干结构，with focus on resolving major problems effecting economic performance 是次要信息，因此这样借助 with 引导的介词短语结构穿插到句子中做状语，使得译文句子结构紧凑，表达地道。

第二，用定语从句传递次要信息。

例如，文化特色和个性是历史文化名城独特和珍贵的标志，历史文化名城间的文化交流与合作将极大地促进城市文化可持续发展和繁荣。

译文：Cultural exchanges among historical and cultural significantly cities, whose respective cultural features and individuality are their unique and invaluable symbols, greatly contribute to the sustainable development and prosperity of their culture.

上例中用 whose respective cultural features and individuality are their unique and invaluable symbols 这一定语从句来传递“文化特色和个性是历史文化名城独特和珍贵的标志”这一次要信息。

（2）适当调整语序。在英译汉的过程中，常常可以调整句子的语序，通常具有以下三种情况。

第一，调整同位语的位置。

例如，Delicious smell and succulent dishes were matched in brilliance by the Queen's costume, a heavy pink silk crepe dress, embroidered with clusters of peonies-China's national flower-in rose pink jewels, pearls and crystal.

译文：女王身着粉红色丝绸绉纱裙，裙子上是中国国花牡丹的刺绣图案：一簇簇牡丹花，盛开在玫瑰红的宝石、珍珠和水晶之中。华丽的衣裙和丰盛的美食，可谓是相得益彰。

该例的译文把同位语 China's national flower 提前，将它处理成定语，修饰名词牡丹。

此外，译文对其他句子成分的顺序也做了较大的调整。在译文中，原文 the Queen's costume 的同位语被处理成为一个独立的句子，由原文的句末迁移至译文的开端。

第二，调整定语的位置。

例如，This was an intelligently organized and fervent meeting in a packed Town Hall, with Mr. Strong in the chair.

译文：这是一场精心组织起来的会议，市政厅里济济一堂、热情洋溢，主持会议的是斯特朗先生。

如果将原文进行直译“这是一场组织精心、热情洋溢的会议，市政厅很拥挤，斯特朗先生是主席”。不仅读起来不通畅，而且“会议”前的形容词定语过重。此外，原文是倾向于褒扬的态度，因此“市政厅很拥挤”的翻译也不妥，上述译文更为恰当。

第三，调整状语的位置。

例如，The 50th Guangzhou Trade Fair closes here today with its reputation intact as a bonanza for the first-time China trader and an important market for products from the world's largest nation.

译文：它是第一次来中国做生意的人的一块风水宝地，也是这个人口世界第一的国家推销其产品的一个重要市场，第 50 届广交会今天在此落下了帷幕，保持了昔日的荣誉。

例子中 with its reputation intact as a bonanza for the first-time China trader and an important market for products from the world's largest nation 是 with 引导的介词短语作状语，向读者补充介绍了广交会的作用和声誉，目的在于激发读者的阅读兴趣。这部分信息在原句中处于句子的末尾，但在译文中，这部分信息被一分为二，一部分置于句首；另一部分被置于句末。译文首先介绍了广交会的荣誉，为下面有关广交会的报道做好铺垫；其次在句末再次突出了广交会的成功，读来通顺、自然，给读者留下深刻的印象。

（3）正确处理 said。在英文新闻稿里引语较多，所以 said 也就到处可见。said 这个词准确、通俗、中立、没有感情色彩，能客观地表达讲话人的动作和意思。

在翻译与“说”有关的字词时，原则上是直译。如果是英译中，可把 said 毫不迟疑地翻译成“说”字。如果是中译英，原文可能使用不同的表达方式，如“指出”“表示”等，翻译时一般也可改译为 said。

关于位置，在英文新闻稿中，“说”字（及其说话人）的位置比较灵活，既可以放在“有关内容”的前面，也可放在后面，有时甚至插在这些内容的中间。

（4）切勿滥用“被”字。英语中尤其是新闻英语中被动语态的使用较多。而在汉语中虽然也有被动语态，但使用得却不多，即使使用被动语态，中文也往往不用标示词“被”字。如果表达一个人被人打了一顿，中文常说“他挨打了”，翻译中绝大多数被动语态也是可以这样处理的。但中国学生在学习翻译时，由于经验与水平有限，或者由于不愿多费脑筋，往往一见被动便用“被”字，结果译出的句子非常别扭。

例如，The Chinese Table Tennis Team also visited a Manhattan public school，delighting the pupils and being delighted by them.

原译：中国乒乓球队还参观了曼哈顿的一所公立学校，使学生们很快乐，他们也被学生弄得很快乐。

上述译文从字面上看似乎没有错，但是很不符合汉语的表达习惯，而且被动句显得很生硬，似乎他们在遭受某种折磨而不是感到快乐。实际上，原文表达的是队员和学生之间的快乐是相互的，双方都乐在其中。因此，上述译文可改为：

中国乒乓球队还参观了曼哈顿的一所公立学校，队员和学生们都为这次见面感到高兴。

在新闻英语翻译中，很多“被”是可以不用译出的。反之，去掉“被”字，译文会更加通顺。当然，我们并不是说所有情况都不能用“被”字，只要用得自然而恰当，完全可以用。

二、文学语体的英语翻译

（一）文学语体翻译的基本特点

1. 修辞丰富

文学作品的用词大多生动、优美。虽然，某些文学作品中的有些部分由于纪实的特点和揭示现实的目的，语言文字不能算得上优美，但是也称得上生动。而丰富的修辞手法的运用正是文学作品达到语言优美、生动的一个重要手段。正是由于有了丰富的修辞手法，风格各异的作家和诗人，才能畅抒心意。

2. 含义丰富

科技文体、公文文体等实用文体为了达到写作目的，都力求语言准确，意思清楚，忌讳产生歧义，造成理解的困难。因此，在这些文体当中，通常一句话只有一个明确的含义。而文学作品却力求使语言含义丰富，带有多重的含义，这样的文学作品才值得读者反复品味，每一次阅读都有新的收获、新的发现。

3. 风格突出

公文文体、科技文体等应用文体，为了使读者能准确、迅速地理解其内容，达到传播思想和信息的目的，通常都有固定的格式和文体风格。而文学作品是作者思想情感的表达，是作为一种艺术用来被读者品味、欣赏的。因此文学作品是一种有个性的文体，作者风格的体现是文学作品不可或缺的。因此，在对文学文体进行翻译的时候，就要注意文学作品的这三个特点。处理好作品中的修辞手法，翻译出原文的修辞效果。充分理解文学作品中语句的多重含义，在翻译的时候不仅要译出其字面意思，还要注意不要丢失其隐含义。同时，不仅要准确地翻译出原作的内容，还要注意保留原作者的风格，否则即使翻译出了原作的主要内容，也不能算是一部好的翻译作品。

（二）文学语体翻译的基本分类

文学历来就是一个难以归纳和定义的概念，不同的文学理论家对文学的概念有不同的定义。在文学作品中，作者会用文字传达思想感情，塑造生动的艺术形象，从而给读者带来一种特殊的感染力。文学文体与非文学文体的划分也不可能做到完全精确。与公文、科技文章等实用文体不同，文学作品以或者优美生动，或者诙谐机警，或者幽默犀利的语言来达到抒发情感，反映社会现实，揭示生存哲理等目的。用于文学欣赏的文学体裁主要包括小说、散文、诗歌、戏剧四种形式。

第一，小说是作者在文学写作过程中以塑造人物为中心，通过描述特定的故事情节和具体的生活环境，深刻地、多方位地反映社会生活。

第二，散文最初的界限并不明显，人们将一切非诗歌、非小说、非戏剧文学作品都统称为散文，但随着现代生活的不断发展，杂文、传记文学、报告文学、科普小品等兴起并得到了充分的发育、生长。这时，人们把那种以创造情境为中心，通过广泛灵活选材和情文并茂的构思，用短小精悍的真实性语言来反映社会生活的文章称为散文。

第三，诗歌是作者以抒发强烈情感为中心，通过丰富、新奇的想象和富有节奏、韵律的语言，集中、精练地反映社会生活。

第四，戏剧是为戏剧表演而创作的剧本。

针对文学文体的翻译而言，不同于其他传递信息的文本，文学文体的翻译不仅要再现原作的文体风格，还要还原原作的语言艺术。所以，文学文体的翻译不仅是语言外形变异的过程，而且是语言艺术的再创造过程。

（三）文学语体翻译的主要内容

1. 诗歌

（1）阐释性翻译。阐释性翻译是面对广大读者的文学翻译的方法。这种翻译方法追求的是诗歌的教学价值，追求保留原诗的意境美和音韵美，并在此基础上尽可能地保留原诗的形式美。阐释性翻译的结果会因译者的不同而不同，这是阐释性翻译的一个显著的特点。

（2）形式翻译。形式翻译是指译者照搬原文的形式翻译，某种意义上可以等同于直译。译者有时为译文的学术价值，做到译文在形式上完全忠实于原文，会避免任何外来成分（包括社会、哲学史、文化成分）的介入。尽管这种翻译方法比较极端，但比较适合那些形式特殊且意在通过这种特殊格式来与内容呼应，从而深化主题的英语诗歌的翻译。但是，形式翻译法是一种比较极端的直译，不能用于所有形式特殊的英语诗歌，实际使用时应慎重。

（3）调整翻译。调整翻译介于阐释性翻译和形式翻译之间，是在尽量直译的基础上调整译文结构，使译文兼顾原文的形式、内容，同时符合译语表达习惯。

2. 小说

（1）传译语境。所谓语境，就是语言环境，即运用语言进行交际的一定的具体场合。小说的语境就是特定语言创设的语境。翻译小说时，语境的传译也较为重要。因为，即使是相同的话语在不同的语境下可能有不同的含义，一旦语境翻译得不正确，就会影响原文语义的传递。因此，传译语境是小说翻译中一个需要特别注意却又很容易被忽视的问题。小说的语境受多种因素的制约，译者在翻译时要依据原作的总体语境和个别语境，选用恰当词语和最佳的表达方式，以准确地再现原文的语境。

（2）传译人物特点。人物刻画是小说创作中极为关键的一个方面。人物刻画得是否到位往往直接影响小说写作目的能否实现。因此，在翻译的过程中，译者要用心选词，寻找恰当的表达方式，将小说中的人物特点忠实地重现出来，以便给读者留下深刻、鲜明的印象，使译文产生与原文同样的效果。

（3）传译风格。每位小说家都有属于自己的语言风格，或活泼，或简洁，或严谨，或幽默，这也是他们的作品之所以优秀的一大原因。因此，在翻译不同作家的小说时，译者不仅要准确地传达原文的内容，还要忠实地再现原文的风格，否则译文就遗失了原文的灵魂，也无法使译语读者读到原汁原味的外国文学作品。

在实际的翻译过程中，要想忠实地再现原文风格，译者应该了解作者的创作个性、创作意图、创作方法、创作背景以及作者的世界观、人生观等，这样译者才有可能更深刻地理解原文，更好地再现原文风格。

3. **散文**

一般而言，散文可以分为正式散文和非正式散文两类。前者用词讲究、结构严谨，逻辑性强；而后者则语言浅显、结构松散、轻松自然。根据写作目的和写作手法的不同，散文又可以分为记叙文、描写文、说明文和议论文。

（1）记叙文的翻译。记叙文通常是对亲身经历或听到、读到的故事传说、奇闻逸事的叙述。翻译记叙文时，需要注意作者个性、写作风格的传递，即要忠实地传达原作的风格与韵味。

（2）议论文的翻译。议论文是作者就某一问题展开分析、评论，表明自己观点的文体。议论文具有很强的说理性质，因此大多具有用词讲究、结构严谨、风格凝重等特点。为了增加文章的说服力，议论文不仅使用逻辑推理性的方法来诉诸读者的理性和智力，也会用打动人心的论点来诉诸读者的知觉与情感。因此，在翻译议论文时也必须注意这些特点，力求译文精练、严谨，将原文的说服力重现出来。

（3）描写文的翻译。描写文通常具有很强的抒情风格和形象性、直觉性、情感性的特点。描写的对象多是人、景、物。写人是为了树立个人形象，进而表达对生活的感受和认识；写景是为了营造气氛，抒发情怀；而写物则是为了托物言志，寄托志趣。与其他散文类型相比，描写文的语言更加清新、诗意。因此，翻译时也必须体现描写文的这一风格及写作意图，使用清新、生动的译语，使译文和原文一样优美。

（4）说明文的翻译。说明文是就某一主题进行阐述的文章。换言之，说明文是对事物的发生、发展、结果、特征等进行阐述的一种文章。说明文通常具有用词精确、结构严谨、逻辑性强的特点。因此，说明文的翻译也必须遵从这些文体特征，注意选词造句。

4. 戏剧

戏剧艺术是一种综合的艺术，它是通过舞台演出将剧中所反映的生活情景直接呈现在观众面前的一种艺术形式。除了剧本外，包括美术、布景、灯光、音乐、道具、舞台设置等多个方面。严格而言，我们这里指的戏剧只是指剧本。

在中国，戏剧可以泛指戏曲、歌剧、话剧，有时候也专指话剧。在西方，戏剧就是指话剧。根据不同的分类标准，西方的戏剧又可以分为悲剧和喜剧，诗剧和自然主义戏剧，或者是历史剧和现代剧，等等。

戏剧语言主要由三个部分组成：布景说明、演员动作说明和台词。台词是戏剧语言的主要组成部分。剧中人物性格的刻画和故事情节的发展都通过台词完成。台词有三种形式：对白、独白和旁白。对白指人物间的对话，这是戏剧的主要组成部分；独白是人物的内心活动的袒露；而旁白则是指剧中某个人物背着别的人物对观众的交代。

作为一种与诗歌、小说、散文不同的特殊的文学形式，戏剧不仅可以供人阅读，还要用于演出，供观众欣赏。因此，戏剧有其自身独特的个性。首先，由于戏剧不仅用于阅读，其最重要的作用是用于演出。所以，一方面，戏剧的台词要方便演员在舞台上进行演出，念起来不觉拗口；另一方面，由于演员的对话转瞬即逝，戏剧的台词还要使观众能轻松地明白演员所讲，不至于在理解上有困难。因此，戏剧的语言通常口语化，通俗易懂以使读者顺眼，观众入耳，演员顺口。口语化、通俗化是戏剧语言的一个突出特点。其次，与小说不同，戏剧中没有叙述者，不允许作者对人物的思想活动、表情变化等进行描述，故事情节的发展、人物性格的塑造，以及人物语气的轻重缓急、人物性格的轻微变化都只能通过人物的对话进行。与小说相比，戏剧中人物的语言就必须更为个性化，更具有动作性。人物语言的个性化和动作性是戏剧语言的另一个特征。另外，戏剧要打动观众，其音韵和节奏也是关键。优美的节奏和韵律使得戏剧更容易被观众接受，更容易在观众中流传。音韵和节奏美是戏剧语言的又一特征。戏剧的翻译有以下三个方面的内容。

（1）戏剧语言的口语化、通俗化。由于戏剧语言具有口语化和通俗化的特点，在进行戏剧翻译时，一方面要善用戏剧中一些口语化、通俗化的表达方式，特别是剧中的一些方言；另一方面，要尽量用简单的句式、通俗化的语言把原作翻译出来。

（2）戏剧语言的个性化及动作性。由于戏剧中缺少叙述者的介入，除了简短的人物动作描述外，戏剧情节的发展和人物个性的塑造都需要通过台词来完成。因此，在进行戏剧翻译时要注意其语言的动作性及其所体现的人物个性，在译文中要尽量展现这些动作性和人物个性。

（3）戏剧语言的音韵和节奏美。戏剧语言的音韵和节奏美是戏剧，特别是诗剧的一大特色。在翻译戏剧时要注意展现原文的音韵和节奏美。在翻译诗剧，如莎士比亚的戏剧时，可以借鉴诗歌的翻译方法。一是模仿原文的韵律和节奏；二是在模仿不可能时换用与戏剧内容、风格相适应的其他韵律和节奏，以保留原剧的音乐美。在翻译非诗剧，或者说现代戏剧时，也要注意再现原剧台词句子的长短、节奏的快慢以及语句的押韵与否等，并在译文中充分地再现这些特点。

第二节　公文与广告语体的英语翻译

一、公文语体的英语体翻译

随着社会和经济的发展，各种形式的公文成了传达贯彻方针政策和有关指令，沟通上下级机关，发布法规和规章，沟通机关之间的横向联系，教育干部和群众以及印证有关事实不可缺少的方式。随着社会的发展以及国际交往的频繁，公文文体的翻译也得到了越来越多的重视。

公文是企事业单位、法定团体等组织在公务活动中为行使职权、实施管理而制作的具有法定效用和规范体式的文件，包括各种公告、宣言、规定、法令、通告、启事及各种法律文书。所谓公文的文体，是指该公文的语文体式。

公文是政府内部，企业、机构之间交流正式信息的一种正式文体，公文的功能在于能够逾越时空的限制，有效地传递公务活动所需的信息，其本质属性就是它的现实执行性，亦即它的现行效用。

（一）公文语体翻译的基本特点

第一，为了使公文发布者的立场、观点，或者规定得到准确表达，使公文执行者和接受者不对公文的理解产生歧义，公文文体的用词一般清晰、准确，力求避免模棱两可。公文，不能像文学作品那样，含蓄隐晦、深藏不露，更不能含混不清、意向不明。它要求清楚、明白，无论赞成或是反对、提倡或禁止、肯定或否定，都要非常确切地表述和说明，使人心领神会、一目了然。

第二，由于公文的正式性和严肃性，公文文体一般使用正式的书面语体，用词正式，避免使用俚俗语。而且为了使公文简洁、明确，公文文体的行文一般比较严谨，句式紧凑，避免使用不必要的修饰语、华丽而不易懂的辞藻以及过多的插入语。

第三，为了使公文得到有条不紊的执行，使执行者一看公文就清楚地知道该做哪些事以及怎么做，标准化、规范化的公文格式是不可少的。因此，公文文体一般具有规范的文体、结构、格式。

针对以上三个特点，在进行公文翻译的时候，首先，尽量做到用词正式，句式紧凑，意思表达准确。同时，由于表意和表现特殊色彩需要，公文中有一些出现频率较高的词语。这些词语词形确定，词义精确特定，用途稳定，并为从事公文工作的人们所熟悉的公文专用词语。而且，由于公文所涉及的专业广泛，不同专业有专业术语，在翻译公文的时候要注意理解其中的公文专用词语和专业术语，必要时要向专业人士请教。其次，各种公文都有其固定的格式和体例，为了充分地理解公文的含义，翻译时要注意了解其格式和体例，并在译文中保留原公文的格式和体例，以反映其原貌。另外，公文翻译要保持用词的一致性，即一个词无论在文中出现多少次，都必须使用相同的翻译，否则容易使人认为另有所指，造成混乱和误解。最后，英语公文文体经常使用结构复杂的长句，在翻译时要注意反复阅读，耐心分析句子结构，理出文章的脉络和层次，正确理解原文。

（二）公文语体翻译的主要内容

1. 行政公文

行政公文是公务文书的简称，是人类在治理社会、管理国家的公务实践中使用的具有法定权威和规范格式的应用文。它是特殊规范化的文体，具有其他文体所没有的权威性，有法定的制作权限和确定的读者，有特定的行文格式，并有行文规则和办理办法，包括议案、指示、公告、请示、批复、函、会议纪要等形式。

行政公文一般具有固定的格式，用词明晰、确切、简练，多用书面语和文书用语，少用形象和描绘性词语和口语，不用方言土语，十分规范。在翻译的过程中首先要注意辨析词语的确切含义，分辨词语的感情色彩和风格，以正确表达作者的立场观点；其次注意正确翻译公文中所涉及公文习语，专业术语及人和事物的特殊用词，以达到译文用语的规范性；最后要注意用词的一致性，以及原文格式的保留。接下来，我们就对行政公文的翻译进行详细的分析。

行政公文通常用语正式，行文简洁。在翻译行政公文的时候，要仔细研读原文，正确理解，准确表达原文的含义；再现原文的语言风格尽量做到用词正式，句式紧凑、简洁，意思表达无歧义；同时，要注意正确理解其中的专用名词及公文专用词语和专业术语，并根据惯用的译法进行翻译；最后，还要注意在译文中保留原公文的格式和体例，以反映其原貌。

2. **商业函电**

（1）商业信函的翻译。商业信函属于公函的一种。首先，与其他公文文体一样，商业信函具有语言简洁、朴实，表达准确的特征；其次，商务活动交际的客观性和交际规约的必然性决定了商业信函的专业性、实用性和规范性。因此，商业信函一般简明扼要、短小精悍、语言庄重、措辞委婉。当涉及数据或者具体的信息时，如时间、地点、价格、货号等，都尽可能做到精确。而且，由于涉及不同行业的商贸行为，商业信函中常常包含一些专业术语。另外，在篇章结构上，商业信函的程式化程度高。结构上大致分为三部分，第一部分为起式，多为简要概括对方去信内容和去信原因；第二部分为信的主体，多为交流信息、业务咨询和协商；第三部分为结尾，一般向对方提出要求、意见等。此外，商业信函中还常用一些相沿成习、共同遵守的固定套语。例如，汉语商业信函中的“敬启者”“谨上”等，英语商函中的 We are in receipt of、Please be advised that、We are in a position to 等，这些固定程式和套语使内行的人一看就能明白商业信函的内容，可以免去许多麻烦和周折，有利于行业内的业务交往。

商业信函是一种特殊的文体，每封商业信函都是一种交际事件，既传递实义信息，即写信的真正目的，也有程式化信息，其作用是辅助写信者得体地传达实义信息。因此，外贸信函的翻译不仅要准确、完整地传达原文的含义，还要在翻译的时候注意商函的文体特点，充分体现商业信函庄重、简洁、明了的特点，恰当地处理其中的固定套语，准确地翻译其中的专业术语，使商函在表达清楚的基础上，又不失礼貌、友好，给人一种愉快的感觉，达到真正的交际目的。

在翻译的时候，不仅要注意准确翻译出信中所表达的意思，还要在译文中保持原文清晰的结构，体现出原义庄重、简洁、意思明了、措辞、委婉的语言风格。同时，由于英语和汉语从属于不同的文化，在汉语和英语中，客套语的使用有不同的搭配习惯和套式，汉语中的客套话不一定在英语中有相应的表达方式，为了很好地完成交际的目的，在翻译商业信函时还要注意其中客套语的灵活处理。例如，“敬启者”在英语商业信函中并无对应的客套话，英语商业信函的抬头多是“Dear Sirs”，而结尾词“谨上”在英文商函中也找不到意思对应的客套语，多是在署名前落上“Yours faithfully”信中的“贵方”“我方”，在英语商函中更是只是用简单的“we”“you”来代替。因此，对于这些客套话，翻译时不必拘泥于原文的字句对应，可根据不同用途，灵活处理，以更好地实现交际的目标。

此外，在翻译商业信函时，不仅要准确翻译其含义，还要注意体现其结构清晰、意思明了的行文特点，以及庄重、委婉的语气。此外，还要熟悉其中所涉及的专业术语，这样才能使翻译准确。例如，inquiry 是指“询盘”，而不能翻译成“询问”，confirmed and irrevocable letters of credit 指“保兑的、不可撤销，以我方为收益人的信用证”，而 draft at sight 是指“即期汇票”。

（2）电传的翻译。电传，又称用户电报，是一个新的合成词，是远距离打印交换的编写形式。它通过安装在用户办公室的电传打字机直接对外接收和发送电报、传递信息。电传既具有电话的快速，又具有打字机的准确，尤其是当电文中有数据时，这种优点表现得特别明显。

当电文内容不多时，英文电传可以不使用电传缩略语，按照常规书信的格式来写。但是，有时为了提高效率，节省时间和经费，英文电传中也使用大量的缩略语。而且除了使用国际电报的简化规则和常用的缩略语以外，英文电传还经常采用几个字母来代替整个词或短语。例如，用词首的几个字母来代替整个词，如 above-ABV、agree-AG，或者用单词中的辅音字母来代替整个词，如 reply-RPL，sample-SMP，有时还用跟一个词近似的发音来代替这个词，如 are-R 和 week-WK。在翻译电传的时候要注意这些特点，使用通用的、容易被对方理解的缩略语，以免造成误解。电传的英汉互译可以参照电报的英汉互译来进行。

二、广告语体的英语翻译

广告，顾名思义，就是广而告之，泛指一切不针对特定对象的公告，包括公益广告、旅游广告、商业广告等。英语中的 advertise（广告）一词源于拉丁语 advertere，意思是“唤起大众对某种事物的注意，并诱导于一定的方向所使用的一种手段”。目前，各国学者对广告的解释在文字上有所不同。我国《辞海》[①] 对广告的定义是：广告是向公众介绍商品、报道服务内容或文娱节目等的一种宣传方式。这个定义包含两层意思：一是广告是告知社会各界广大公众的一种宣传活动；二是广告是需要通过一定的媒介来进行宣传的。此外，著名的美国市场营销协会（American Marketing Association，AMA）给广告下的定义比较有代表性，即“Advertising is the non-personal communication of information usually paid for and usually persuasive in nature about products, services or ideas by identified sponsors through the various media.”（广告是由特定的广告主通常以付费的方式通过各种传播媒体对产品、劳务或观念等信息的非人员介绍及推广。）从这一定义可以看出，广告应具有传递信息的功能，能够使读者在获得信息之后做出广告所期望的反应，具有对商品进行粉饰的美感功

---

① 《辞海》是在中华书局陆费逵主持下于 1915 年启动编纂的汉语工具书，是以字带词，兼有字典、语文词典和百科词典功能的大型综合性辞典，是中国最大的综合件辞典。

能和表情功能。

（一）广告文体的具体构成

1. 标题的构成

标题是广告的核心，是表现广告主题的短文或短句。尤其在印刷广告中，标题是举足轻重的。标题一般选用较大的字体，常位于整个广告的醒目位置。标题具体而言可以分为以下三种：

（1）直接标题。直接标题最简单的形式就是以厂商名和商品名为命题；还有一种表现形式是把产品的名称、功用和特点直接告诉消费者。另外，商家为了吸引消费者的注意，通常采用一些特殊方法处理，如使用特殊句式或者对字体的形式进行进一步的修饰，以增加其受众群。

（2）间接标题。间接标题是指在标题中并不直接向受众展示产品的直接信息，如不直接揭示产品的名称等，而是运用耐人寻味的艺术化语言，以迂回曲折的方式吸引消费者的注意和兴趣。

（3）复合标题。复合标题是指在标题中兼有直接标题和间接标题的双重性质，即把二者有机地结合起来，既指出产品的特性，又运用某种艺术手段对标题进行处理，使之引人注目，具有趣味性。

2. 正文的构成

正文是广告的中心，是标题的延伸，在广告文案中处于主体地位。它对商品的特征、功效、使用方法及售后服务等提供详细的说明，继而说服读者，促使读者采取行动。根据广告正文的体裁、风格、手法等，广告正文可分为：信息型、情感型、叙事型、对话/独白型、幽默型、诗歌型。

3. 口号的构成

口号也称“广告中心词”“广告语”等。广告口号是将产品的主体，用浓缩的文字把企业或商品的特性及优点表达出来，其主要目的是维护广告运动的连续性，吸引消费者的兴趣，促使产品更好地销售。广告口号虽只有寥寥几个字，却能阐明立意、激发兴趣、宣传产品和引发受众行动，它能维持一则广告的连续性，多采用完整的短句形式，朗朗上口，便于记忆。广告口号的位置较为灵活，可以置于正文前面、正文中间或广告的末尾。

4. 商标的构成

商标就是商品生产者或经营者为了使自己生产或销售的商品或服务在市场上同其他商品生产者或经营者的商品或服务相区别而使用的一种标记。商标通常由文字或图形单独构成，或由文字、图形组合构成。

商标一般由商标牌号和商标的视觉标记组成。牌号是商标的名称，也是商品质量的重要标记，一些消费者购买商品时首先认准牌号。视觉标记，即商标图案也是广告的一个组成部分。

（二）广告语体翻译的基本特点

1. 词汇

（1）使用单音节动词。单音节动词通常都很简练且朗朗上口，而这正好符合广告对语言的要求，因此广告文体中常使用单音节动词。此外，由于单音节动词也是人们使用最多的基本的口语词汇，因此可以帮助广告语言简明易懂，这样既能使消费者看得明白，又节约了广告费用。

例如，Lose ounces，save pounds.

译文：失去几盎司，省下几英镑。

这是一则减肥食品广告。pounds 既代表货币单位（英镑），也代表重量单位（英镑），在这里应指英镑，与前面的“盎司”相对比，使读者明白该食品价廉物美又不会使人发胖。

（2）使用复合词。除了使用单音节动词，广告文体中还会使用复合词。复合词是指把两个或两个以上的词，按照一定的次序排列构成新的词组。复合词组被广泛地应用于广告文体中，成为广告文体的一大特色。复合词的构词成分可以是任何一类，比较灵活多变，而且结构紧凑，因此，能有效体现广告的创意精神，使人产生深刻的印象。

例如，Sophisticated sweet-to-drink Pink Lady.

译文：高级、可口的红粉佳人。

这则广告使用含有隐喻修辞手法的复合形容词来修饰 Pink Lady 的产品，使得产品极富美感。

（3）使用缩略词。缩略词是指把原词中某些字母缩略掉，仅保留其有表意性的字母，且不能构成读字的音节。由于缩略词具有节省篇幅、降低广告费用、使行文简洁的优点，因此，它也是现代英语中常用的构词法之一。例如，Big Ops for Our RNs in the US. 这是新西兰护理管理协会的广告语，Ops 是 opportunities（机会无限）的缩略，RN 分别是 Registered Nurse（注册护士）的首个字母，利用缩略语不仅使得广告语言更加简练，也获得了引人注目的效果。

（4）使用形容词及其比较级与最高级。为了推销产品，广告撰写人通常会对自己的商品进行美化粉饰，这就需要大量地使用形容词，尤其是那些评价性的形容词。因此，广告中常常使用大量褒义的、赞美的形容词及其比较级和最高级而言明产品的性能、品质及优点。广告英语中经常使用的形容词包括：new、fine、good/better/best、crisp、great、free、fresh、real、easy 等。

（5）使用人称代词。为了使顾客对产品感到亲切并具有参与感，广告中经常使用人称代词，尤其是第二人称 you，使用人称代词可以在无形中拉近厂商与顾客之间的距离，也体现了商家处处为顾客着想的心思。

例如，She usually complains about my anniversary gifts，but this year she is going to smile.

We made this watch for you to be part of you-simply because this is the way. We always make watches. And if we may draw a conclusion，it would be this：Choose once and choose well.

以上两个例子分别是香水广告和手表广告，其中 she、we、you 等人称代词的使用可以让顾客感觉到如同和商家在进行面对面的交流，从而增添了身临其境的亲切感和对商家的信任度。

（6）创造新词。为了强化广告的鼓动效应，广告语中经常使用词汇的变异手段创造出一些生词、怪词，如故意将人们所熟知的词拼错，或是将已有的词加上前缀或后缀，或者直接新造合成词。创新生词最主要的目的在于吸引读者的注意力。从心理学的角度来看，广告对读者的吸引力，主要来自其语言的新奇与出人意料，从而激发进一步的阅读兴趣。此外，创新生词还有利于让读者形象地联想到其产品的独特性，并加大广告的新鲜感。

例如，Krazy Clearance. Toy Sale Continues.

这是一则清仓拍卖广告，其中故意将 Crazy 错拼为 Krazy，既用错拼新词的形式吸引了读者的注意，又表达了“疯狂甩卖”以致头脑发昏、写字不清的语义，从而起到了出奇制胜的效果。

（7）借用外来语。随着经济全球化的不断深入以及世界贸易的不断发展，现代各国的很多商品都是直接由外国进口，或是虽由本国生产，但却富有异国风味。体现在产品广告中，常出现外语字眼，以体现产品所拥有的异国风味或较高质量，从而吸引消费者的注意。

2. **句法**

（1）使用简单句。广告的最终目的在于吸引消费者的视觉和听觉，从而鼓动他们去购买其产品。而复杂的广告会使消费者感到无趣，这样广告的目的就难以达到。因此，简单清晰且口语化的句子既节奏急促、跳跃性强，又易于使消费者记忆并留下深刻印象，从而激发消费者的购买欲望。

（2）使用省略句。广告英语由于受时间、空间、篇幅、费用等多种因素的限制，经常采用省略句。广告英语中的省略句往往可以省略主语、谓语、宾语或其他成分。

（3）使用疑问句。广告英语中常频繁使用疑问句，这是因为疑问句很容易唤起消费者对产品的好奇心和兴趣，从而引起读者的注意，并使他们对所提出的问题进行进一步的思考。通常而言，当一个问题提出后，人们会很自然地加以考虑，会促使他们采取购买或消费的实际行动。

（4）使用祈使句。由于广告语言是一种特殊的实用性文体，因此，其内容和形式都受到广告的特殊文体形式的限制。由于祈使句本身就含有较强的劝说鼓动的功效，这正合广告实施其引导功能的目的，因此，商业广告经常采用鼓动性的祈使句。

（5）使用并列句。广告语中经常使用并列平行的句子结构，而较少使用主从结构。并列结构一般都便于理解，且比一般完整的句子更具有说服力，能给人留下深刻的印象。

（6）使用分离句。分离句的使用是广告英语中所独有的现象，它利用句号、分号、连字号、破折号等将句子切割出来，形成更短的结构。换言之，将句子分割成更多的信息结构单位，在增大信息量的同时节省空间和费用。而被分割出来的部分往往就是该产品的特征，从而达到强调、突出的宣传效果。

（7）少用否定句。广告主要用于向消费者介绍某种产品的性能及优点，从而激发消费者购买的兴趣，因此，广告语多从肯定的意义出发进行创造，否定式的结构在广告英语中并不多见。当然，在广告语中也并非完全不能使用否定句，只不过在使用否定结构时，其目的是强调产品的优点。

3. **修辞**

（1）比喻。比喻是将一种事物比喻成其他事物的修辞方法。比喻是广告英语中经常使用的一种修辞方法，其目的是形成鲜明生动的意象，以唤起消费者对产品的美好心理联想。广告中的比喻有明喻、暗喻、换喻之分。

第一，明喻。明喻是将两种事物之间的相似之处进行比较。在明喻中，一是事物的本体，二是事物的喻体，本体和喻体之间通常用 like、as 等标志性的词语连接起来，以便使人产生一种清晰具体的联想。

例如，As soft as mother's hands.

译文：像母亲的手一样柔软。

这是一则童鞋的广告，将鞋子的柔软与母亲的手进行比较。

第二，暗喻。暗喻是指根据两个事物间的某种共同特征或内在联系，把一个事物的名称用在另一个事物的名称上的修辞方式。暗喻与明喻有形式上的差异，即在暗喻里并没有诸如 like 或 as 一类的标志词。换言之，在暗喻中对两种事物的比较是隐含的而不是直接的。由于暗喻没有给出明确的比喻信号，因此，更难以辨认，但更加有力，也能更加激发读者丰富的想象。

（2）排比。排比是广告英语中经常使用的修辞手段，排比是指将结构相同、意义关联、语气一致的两个或两个以上的词组或句子并列使用，具有重复强调的功能。排比句能够加强语势，从而使广告便于记忆，同时颇具鼓动性，广告使用并列不定式短语，从而达到语言简短，节奏感强，易于记忆，感染力强。

（3）拟人。广告语中的拟人是指将所宣传的事物人格化，赋予产品以生命与情感，从而使产品变得富有人情味，使消费者倍感亲切。

（4）夸张。夸张就是为了增强语言的表达效果，故意把客观事物或现象加以夸大或缩小。广告文体中的夸张，就是用主观的眼光去修饰和渲染产品，对所要宣扬的产品的性能，进行言过其实的夸大行为，从而达到宣传目的。恰当的夸张可以突出商品的质量、特征，强烈地表达广告的主题思想，也能够体现厂家或商品的自豪、自信的气概，从而给人某种感染力和鼓动力，给消费者留下深刻的印象，刺激购买的欲望。因此，广告文体中常常使用夸张的修辞手法。但是需要注意的是，夸张并不等于虚假，夸张绝对不是欺骗，只是一种语言手法。

（5）反复。反复是指对重点词或重要概念的重复。由于广告信息具有一定的强迫性，因此，在广告英语中，为了突出某种产品和信息，加深消费者的印象，有时故意重复某些词语或句法。

（6）双关。双关是用同样的词来表明不相同的意义，是同形异义词或同音异义词的巧妙运用。双关通过词语的语音和语义，使某些句子在特定的语境中具有表面和内涵的双重意义。在广告语中使用双关语不仅可以使语言风趣简洁，增添广告的趣味性和幽默感，而且还可以引起读者的联想，让他们比较轻松愉悦地接受广告中所传递的商业信息。双关主要有以下几种形式：

第一，谐音双关。谐音双关是将两个原本在语义上毫无联系的同音或近音异形异义词，天衣无缝地安排在句子中，使之产生语义上的双关。谐音双关通常具有幽默风趣、滑稽俏皮的语言风格，运用到广告中则能增强广告的说服力与感染力，迅速产生效应。

第二，语义双关。语义双关的使用在广告英语中是很常见的。它利用某个词语的多义性，使得同语或句子在特定的环境中形成语义上的双关。从字面上看虽然只有一个词，但实际上却关联着两种不同的意义，甚至是言在此而意在彼，造成一种委婉含蓄的意境，与消费者形成共鸣，刺激其消费欲望。

第三，语法双关。语法双关是指由于语法方面的问题产生的双关，如省略结构、某词或词组具有两种以上语法功能等。

第四，成语双关。有时广告英语会引用一些人们耳熟能详的成语或俗语。这些广告以人们原有的社会、文化认识为基础，以鲜明独特的语言形式形成双关，既能增强广告的吸引力，也能体现了广告英语的艺术性。

（三）广告文体翻译的主要内容

第一，直译。直译又称“语义翻译”或“异化翻译”，它是指把原文的语法结构转换为译文语言中最近似的对应结构，译文既要保留原文内容又要保留原文形式。当原文的语句结构较简单完整、意思较明确、按字面意思翻译能同时表达其表层意思和深层意思时，应该采用直译法。

第二，意译。由于英汉两种语言和文化的巨大差异，有时不能局限于字面意思进行翻译，而是取原文内容而舍弃其形式进行翻译。意译是一个相对直译而言的概念，通常只取原文的内容而舍弃其形式。这种译法较为自由、灵活。译者可以适当进行创造和创新，但仍要保持原文的基本信息，使译文从消费者角度看比较地道，可接受性较强。

第三，音译。在广告英语中使用较多的音译技巧主要有两种：一种是非联想音译。非联想音译指的是纯音译，其在翻译汉语广告中的一些组合时只起到标音的作用，不构成会导致联想的字义组合。另一种是联想音译。联想音译中的汉字、组合除了具有标音的作用之外，还构成了会导致某种联想的字义组合，其联想性有表意型和误导型。

第四，增译。增译是指对原文的某些关键词的词义进行挖掘、引申或扩充，将原文的深层意思加以发挥，从而使译文的隐含意义凸显出来，并超越原文。

第五，创译。创译是指再创型翻译。顾名思义，创译法已基本脱离原品牌名称发音及含义，依据的是产品的具体情况及当地的语言或风俗习惯。

第六，套译。翻译广告时，首先要对原文有充分的理解，否则就不会有准确的表达。英语中的不少广告借用现成的成语、谚语、短语等来获得文体效果以达到预期的目的，译文可以套用汉语中一些现成的表达形式或固定的结构框架，做到译文与原文的相契合，传达出广告原文的语言内涵。

第七，拆译。由于英汉两种语言在表达形式、惯用法、结构等方面的截然不同，在多数情况下，广告翻译不能照字面直译，否则将丢失原广告的信息。要完整地传达出原广告的语言内涵并尽可能地使译文具有相同的宣传效应，拆分法不失为一个有效途径，可以充分地传达出原广告的语义，把原广告中的含蓄语义呈现给读者。

第八，浓缩译。由于源语文本的对象是源语文化受众，而译语文本是译语文化受众，因此，译者在翻译过程中，应考虑两个文本的受众在文化环境、生存环境等方面的差异，对源语信息进行筛选和重组，使译文语言保持简洁、精练，具有可读性。

第九，四字译。有时在进行广告翻译时，出于中文表达习惯，采用四字词语，可使译文言简意赅，寓意深长。

第十，不译。“不译”算不上是翻译，但却是在广告翻译中经常出现的情况。具体而言，当广告口号的原文特别短小精悍，但又一时无法译出同样的对应译文时，可以将部分英文广告词原封不动地译入，或将该广告口号以原外文的形式保留下来。实际上，从整体视觉效果来看，有时不译法更加引人入胜，甚至出奇制胜。此外，新企业、新品牌、新产品系列的名称或老企业的新产品系列的名称也不必翻译出来。

第三节　科技与旅游语体的英语翻译

一、科技语体的英语翻译

科技英语是专门用途英语（English for Special Purposes，ESP）的一个分支，是一种重要的英语语体。科技英语是随着科学技术的发展而形成的一种独立的文体形式。科技英语既涵盖自然科学领域的各种知识和技术，也包括社会科学的各个领域，如用英语撰写的有关自然科学和社会科学的学术著作、论文、实验报告、专利产品的说明书等。

随着我国科学技术与市场经济的迅速发展，社会对外语人才的需求重心也在发生着明显的变化。科技英语对于英语专业学生的重要性是不言而喻的，对其他文科学生和理科学生同样重要。大学学习离不开科技英语，日常阅读、各类考试、论文写作等都会涉及科技英语。在学生踏入社会参加工作后离不开科技英语，无论是从事与科技相关的工作，还是从事其他工作，都会涉及科技英语。

（一）科技语体翻译——词汇

第一，使用简短词。当某个单词过长，以至于在使用上产生不便时，通常采用简短词。例如，lab = laboratory 实验室，phone = telephone 电话。

第二，使用缩略词。缩略词是指把词的音节加以省略或简化而产生的词或利用词的第一个字母代表一个词组的词。科技英语文体中缩略词的使用范围十分广泛，缩略词的使用不仅可以体现科技文体的专业性，同时可以节省篇章。例如，CPU—central process unit 中央处理器，FM—frequency modulation 调频。

第三，使用专业或半专业词汇。科技文体中的词汇可以分为专业词汇和半专业词汇。

这些词汇大都具有一词多义和一词多类的特征。例如，crane（鹤）具有脖子长、个子高的特征，dog（狗）具有看家的本领。因此，科技人员借用 crane 与 dog 这类单词而言明某样事物也具有类似的模样或功能。在科技英语中，crane 和 dog 就被赋予了许多其他的意思。例如，locking dog 制动爪。

第四，使用复合词。复合词的普遍使用是科技文体的重要特点。科技英语中的复合词主要有以下几种形式：

一是词缀法。词缀法（或拼缀法）是指通过增加前缀或后缀来构成新词的方法。英语词汇的许多新词都是通过词缀法创造的，科技英语也不例外，可以说词缀法是科技英语构词的重要手段。

二是合成法。合成法就是将两个单词直接合并在一起构成一个新词。在科技英语词汇中，这种方法构成的单词数量很多。

三是混成法。混成法是指从两个或两个以上的英语单词中抽出其中一部分合成新词的方法。需要注意的是，混成单词有别于合成单词。

第五，使用新词。与其他文体相比较，科技文体最显著的用词特点之一是不断涌现出来的科技新词语。近年来，科技英语中的新词层出不穷，并通过科技交流在全球中得到广泛传播和应用。例如，Cyberspace 网络空间。

第六，使用外来词。科技英语词汇中大量使用外来词，常见的方式就是直接使用外来语中的人名地名、商标名等。例如，Brazilian pebble 石英水晶（来自地名），Xerox 静电复印机（来自商标名），Sputnik 人造卫星（来自俄罗斯），Silo 导弹发射井（来自西班牙）。

（二）科技语体翻译——句法

第一，使用被动句。科技英语叙述的往往是客体，即客观的事物、现象或过程，常有意排除个人主观感情因素，而被动句的使用就有利于实现以客观事物为主体，阐明客观事实的目的，在一定程度上提高了文章的客观性。因此，科技英语文体中常使用被动句。

例如，Loss of efficiency in the boiler will be caused by the dissipation of heat through the walls of the combustion chamber.

译文：热量通过燃烧室的壁散失掉，将引起锅炉效率降低。

Loss of efficiency in the boiler（锅炉效率降低）由于处于话题的主位即句子主语位置上而得到强调。

第二，使用无人称句。英语把表示有生命体的名词列为有灵名词，把表示无生命体的名词列为无灵名词。尽管科技活动系人类所为，但是科技英语文体所报告，主要是自然的规律或者科技活动的成果，因此，科技英语文体的一个显著特点就是无人称句（无灵名词做主语的句子）很多。

例如，The engineering project promises well.

译文：这个工程项目大有希望。

第三，使用虚拟语气。科技文体常常以某种假设作为出发点，而如果这种假设带有较大的不确定性或不可能性时，诉诸语言表达就需要使用虚拟语气。

例如，If all the ice in the world melted，the level of the sea would rise about 250 ft.

译文：如果地球上的冰都融化，海平面将升高大约 250 英尺。

上述的例子中使用了虚拟语气，虚拟语气的使用就表示以上句子中所描述的情况发生的概率很小，甚至是完全不可能发生的。

第四，使用一般现在时。科技英语内容大多为客观事物的通常状态或是没有时限的自然现象。因此，科技英语的句子大多为一般现在时，这样可以更好地说明科学定义、定理或公式是不受时间限制的，此外，一般现在时的使用，能给读者带来一种客观真实的感觉。

例如，As the insulin sweeps away the glucose into storage，the level of glucose in the blood naturally drops sometimes to even lower when it was before.

译文：随着胰岛素清除葡萄糖并使之积存起来，血液中的葡萄糖自然而然地下降，有时甚至低于以前的水平。

原句中描述的是医学领域的某一客观现象，没有时间的限制，因此，使用一般现在时进行表达。

第五，使用复杂长句。科技文体的又一显著特征是惯用长而复杂的句子结构。因为在表述一些科学技术的复杂概念时，有时只有借助结构较复杂的句子，才能将各种主从关系、逻辑关系以及意义上的不同层次，清楚地表达出来。所以，为了表述一个复杂概念，使之逻辑严密，结构紧凑，科技文章中往往习惯使用长句。

例如，We learn that sodium or any of its compounds produces a spectrum having a bright yellow double line by noticing that there is no such line in the spectrum of light when sodium is not present，but that if the smallest quantity of sodium be thrown into the flame or other sources of light，the bright yellow line instantly appears.

译文：把很少的一点钠投入火焰或其他光源时，在光谱中就会立刻出现一条亮黄色的双线；当钠燃尽时，光谱中的这条线也消失了，由此我们知道钠或任何钠的化合物所产生的光谱都带有一条亮黄色的双线。

上述这个句子结构复杂，介词 by 引出方式状语，这个状语又带有两个并列的宾语从句 that…，but that…，而两个宾语从句又分别带有一个状语从句 when…和 if…。

第六，惯用祈使句。科技英语常与实验、产品、仪器操作流程有关，因而需要运用祈使句来传达操作命令或建议，因此，多使用动词原形或 should 或 must 或 don't。

例如，Wear safety glasses in an organic laboratory to protect your eyes.

译文：进入有机实验室要戴上安全镜，以保护眼睛。

第七，使用名词化结构。名词化结构是用一个名词词组或短语（主要是具有动词意义的名词+of+修饰语）来表示一个句子的意思。这一结构具有简洁、确切、严密、客观和信息量大的特点，因而在科技文体中大量使用。

例如，The substitution of rolling friction for sliding friction results in a considerable reduction in friction.

译文：以滚动摩擦代替滑动摩擦，可以大量减少摩擦阻力。

原文中 substitution 和 reduction 均属名词化结构，使用这些名词不仅使句子更加简练，同时表达也更加客观准确。

（三）科技语体翻译——语篇

第一，语言质朴简洁。科技英语文体中的语言简洁、通俗易懂，道理的讲解一般深入浅出。科技英语文体语言结构简单直白。

第二，逻辑组织严密。英语科技文体的逻辑组织很严密，文章的层次分明，一般在段落的开头部分首先用一句话来叙述段落的主题，在接下来的内容中再对其进行讲解。

二、旅游语体的英语翻译

目前，旅游业已成为世界上最大的产业之一。我国旅游业自改革开放以来发展迅猛，随着出境游及入境游的旅客不断增多，旅游从业人员队伍逐渐庞大。如何更好地使境外游客听懂我们的导游语言，更好地把我国壮丽的河山和灿烂的文化介绍给世界，以及如何使国民了解更多的国外风景，引起越来越多的学者及旅游界人士的关注。旅游语体的翻译受到越来越多的重视。

（一）旅游语体翻译的基本特点

旅游语体又名导游解说词，是导游员在指导游览时进行讲解、传播文化、交流感情所使用的语言。它是一种比较特殊的文本。它是通过外语导游员之口直接说给外国旅游者听的。译成外语的旅游语体通常是供导游员在途中、景点、娱乐场所、商店或餐厅时进行口头讲解服务用的，它不同于即兴发挥的“现场导游”（on the spot introduction）和“途中导游”（on the way introduction）。前者是事先翻译好的，而后者则须临场发挥。然而，尽管旅游语体是事先翻译好的，它又具有自身文体上的独特之处，不同于一般的笔译。旅游语体具有以下特点：

第一，旅游语体着眼于口头表达，语言强调简练、流畅、通俗。旅游语体是在导游过程中导游员与游客进行口头交流所使用的语言，它具有传递服务信息，引导游客完成旅游活动的功能，同时，也具有讲解旅游人文和自然景观及其背景，使旅游者获得知识，实现审美满足的功能。虽然，旅游语体是预先写好而且翻译好的，但游客是通过听觉来接受旅游语体中的信息，不能像阅读那样有充分的时间思考，如果其中使用过多的书面语言，过于复杂的句子，难免会给游客的理解造成障碍，达不到其预期的目的。而简明扼要、通俗易懂、生动活泼的句子不仅短小精悍，表意明确，具有很好的表意传情功能，还能产生铿锵有力的效果。因此，旅游语体通常使用简单的句子，简练、通俗的语言。

第二，旅游语体中涉及的文化点较多。旅游语体中对于景点的介绍必将包括众多的人文景观，涉及许多的人名及地名的介绍，触及许多文化点。例如，介绍国内风光的旅游语体中就经常涉及历史人物、古代诗词、历史典故、风土民俗等，而国外的景点介绍也不例外。

第三，旅游语体中涉及的专用名词较多。由于旅游语体所涉及的知识面较广，其必将涉及许多专用名词。例如，拱桥（arch bridge）、台（terrace）、长堤（causeway）等都属于这类词汇，这些专用名词，一般都有固定的译法，翻译的时候不能随意炮制，或者望文生义。这就需要译者要有广阔的知识面，良好的专业水平。

（二）旅游语体翻译的具体标准

旅游语体是主要供导游讲解服务用的。优秀的旅游语体翻译既要忠实地再现原文，又要拥有良好的现场效果，使游客的理解没有困难，又给游客带来美的感受。同时，还要通过对文化点的讲解起到传播文化的作用。

1. 翻译要准确

准确是好翻译的主要因素，旅游语体的翻译也不例外。虽然由于旅游语体经常涉及一些文化概念或者专用名词，在翻译的时候不得不采取一些变通的译法，但这并不意味着旅游语体的翻译可以脱离原文，随意发挥。丧失了准确性的旅游语体翻译只会误导游客，给游客的理解造成困难。

准确地翻译旅游语体不仅要求译者要有广阔的知识面、良好的专业水平，还要求译者要有负责的态度、敬业的精神，广泛地查阅各方面资料，以做到翻译准确无误。

2. 现场效果好

旅游语体是导游员在导游的途中，说给游客听的现场解说词。因此，导游词良好的现场效果就非常重要。这就要求旅游语体的翻译不仅要通俗易懂，还要对一些文化概念、专用名词进行变通的处理，从而使游客理解起来没有困难，又不致削弱原文当中的文化内涵，以及美的韵味。使游客能无障碍地听懂旅游语体的内容，并通过旅游语体获得对于景点足够的认识，同时获得美的感受。

(三) 旅游语体翻译的重要技巧

翻译旅游语体时除注意旅游语体的特点，遵循旅游语体翻译的标准，运用一般的翻译技巧外，还要注意以下三点：

1. 增译技巧

由于外国游客对于旅游地的文化和历史缺乏了解，这就需要在译文中对原文中一些带有源语文化色彩和历史背景的信息，进行阐释，避免使游客迷惑。但是，由于旅游语体是口头说给游客听的，不同于其他一些文本的翻译，可以在文中标注。这就需要在译文中对原文的内容加以改变，加入阐释性的成分。

2. 省译技巧

由于旅游语体的目的是通过口头讲解，让游客对于景点有足够的理解，以增加他们的兴趣，同时使他们获得相关的知识，增加美的感受，旅游语体中原有的枯燥难懂、相对次要且与游客对景点的了解关系不大的内容就可以省略。这样，可以使旅游语体更有趣，使游客理解起来更轻松，使导游词的现场效果更好。

3. 古诗词翻译技巧

由于很多旅游景点挂有对联，或者题有一些名人的诗词，或者是涉及一些关于这些景点的著名诗词。因此，旅游语体的翻译中难免会涉及一些古诗词和对联的翻译。在翻译旅游语体中的诗词时，除了要注意在文学文体中所提到的诗歌翻译的要点外，由于旅游语体中所引用的诗词，主要是供导游员在给旅游者介绍景点时使用的。所以，在翻译时，不应拘泥于所选诗词中涉及的具体背景，而应在忠实于原文的基础上，注重“当场见效”的口译效果，即力求译文口语化、有韵脚，听来易懂，像是诗词。而且，在翻译当中应尽量减少典故的使用，必要时，在翻译前后对诗词的含义进行解释。

另外，对联的翻译也是旅游语体中翻译的一个难点。对联雅称楹联，俗称对子，别称门联、联语。它言简意深，对仗工整，平仄协调，是由律诗的对偶句发展而来的。对联的翻译主要掌握两个要点：第一，要准确翻译原文，切不可为了形式的需要，而改变原文的含义；第二，翻译时要突出对联的特点，或两联字字相对，或两联句子结构相同。技巧上可以是以偶对偶，以工对工。

第四节　法律与财经语体的英语翻译

一、法律语体的英语翻译

法律英语（Legal English），在英语国家中被称为“法律语言”（legal language 或 language of the law），在英语中指表述法律科学概念以及诉讼或非诉讼法律事务时所用的语种或某一语种的部分用语，后来也用来指某些具有特定法律意义的词语，并扩展到语言的其他层面，如法律用语、法庭用语、法律文句等。另外，同其他社会方言一样，法律英语是人们根据社会文化环境、交际目的和交际对象等语用因素，在长期使用中形成的一种具有特殊作用和自身规律的语言功能变体。

法律语言包括立法语言和司法语言两大系统。其中，立法语言指规范性法律文件（包括宪法、法典、法律、法规、体例以及规范人们行为的命令和指示等）所使用的语言；而司法语言指的是法律工作者在执法过程中，根据法律规范的要求所必须使用的法律公务用语。

通常而言，法律英语分为口语和书面语两种。法律英语指的是法律书面语，也就是起草法律文件所使用的语言。由于法律文件是用来规定人们的权利和义务的，所表述的内容必须准确严谨，同时必须具有较强的逻辑性和规范性，所以，法律英语在用词、句子等方面有别于我们日常使用的其他语言。

（一）法律文体翻译的分类

1. 法律术语翻译

所谓术语，就是某一领域的专门用语。法律术语是用来准确表达特有的法律概念的专门用语，具有明确的、特定的法律含义，是法律英语的精髓。使用法律术语的目的是保持词义在法律英语中的精确性。这类术语的数量相当可观。例如，agency 代理，agent 代理人，conveyance 财产转让/转让，variance（诉状与供词之间）不一致。

2. 模糊词语翻译

法律语言要求表达精确，法律文件的起草者力求避免含糊其词或模棱两可。但从语义上看，绝对精确的表达是有限的，而处于语义的正反两个绝对值之间的、过渡的、难以划清界限的模糊现象是普遍的。为了实现法律语言要求的精确目的，在必要的情况下法律文件又必须使用一些意义模糊、灵活的词语去准确表达法律概念或事实。模糊语言是表达模糊语义的语言，即内涵无定指、无外延不确定的语言。例如，compelling 强制的，consequential 相应而生的，due process 正当程序，duly 正当地、适当地、充分地。

3. 法律行话翻译

任何建立在独特知识和技能之上的行业或职业都会发展出一种独特的话语体系，即“行话”。一方面，行话确保了行业内部交流的精确和经济，增强了行业内部成员之间的交流效率；另一方面，它又是外显的符号，对于外行人而言，这种符号足以激发他们对于这个行业的好奇、尊重或畏惧的感觉，如此就可能在内外之间划界，有时甚至可以强化某种行业化权力的合法性基础。法律行话，就是平常所指的“法言法语”。例如，subrogation 代位权，damages 赔偿金，day in court 出庭日。

4. 古旧词汇翻译

法律英语词汇中还经常出现古旧词汇。所谓古旧词汇，指的是古英语词汇和中世纪英语词汇。古英语是指公元 1100 年前的英语，中世纪英语是公元 1100 年到 1500 年期间使用的英语。使用古旧词汇能够体现出法律英语简练、严谨的特点，这些古旧词汇在现实生活中使用较少。例如 belike 大概、或许，haply 偶然地、碰巧地，hereafter 此后，hereby 特此。

5. 成对近义词翻译

法律英语中还经常使用两个或三个意思相近或者相同的词构成一个短语来表达法律上本来只需要一个词就能表达的概念。看似啰唆的表达是为了更好地体现法律语言的严谨性、准确性和完整性。下面是法律文体中常见的成对近义词。例如，all and every，all and singular，annul and set aside。

6. 赘言赘语翻译

赘言赘语即反复地表达一个意思或者使用同义词，亦即经常使用配对词和三联词来表达法律上本来只需要一个词就能表达的概念。配对词和三联词指用两个或三个意思相近，或者相同的赘词构成一个短语，以表达法律上只需要用一个词就能表达的概念。这些词表示固定的意义，使用时不能随意拆开。赘言的使用是法律文本行文的一大特色，主要有两个作用：一是使所表达的意思更加严密准确；二是使所强调的语气更加强烈。这突出表现了法律英语语言的严谨性。下面探讨一些在法律英语文体中常见的赘言赘语。

例如，breaking and entering 闯入，due and payable 到期应付的，goods and chattels 货物与动产，have and hold 持有。

7. 拉丁词语翻译

拉丁词语言简意赅、表达标准、历史悠久，有助于体现法律文体的严谨和庄重，因此，拉丁语在法律语言中处于权威性的地位。英语国家的居民，尤其是从事法律研究的人，把拉丁文视为高深学问的基础。例如 affidavit 誓章、证词，bonafide 真诚。

（二）法律语体翻译的句法

1. 名词化结构的翻译

为提高语言的准确性、严谨性以及正式程度，英语法律文献中常使用名词化结构。名词化词语主要是表示动作或状态的抽象名词，或是起名词作用的非谓语动词。从句法功能上来看，名词化结构可以避免使用人称主语，进而防止句子结构臃肿；名词化结构组合方式较多，意义容量非常大，适宜精细复杂的思想观念的表达。

例如，The State protects socialist public property. Appropriation or damaging of State or collective property by any organization or individual by whatever means is prohibited.

译文：国家保护社会主义的公共财产。禁止任何组织或个人用任何手段侵占或者破坏国家和集体的财产。

2. 套语的翻译

法律语言形式是在不断的法律实践中形成的。经过长期的实践，法律语言形式形成后，语言趋于高度专业化，其文体相对稳定，有一些套语在法律英语中经常出现。例如，英语立法文本的序言部分通常采用 whereas、in view of、considering、given that 等引导的句型范式，还有不少 means、includes、refers to 的惯用结构。而汉语立法文本的序言中则通常采用“为了……根据宪法……制定本法”“本法所指的……是指……”等句型范式。

3. 陈述句的翻译

陈述句在法律文本中也经常出现。由于法律文书是用来确认法律关系、贯彻法律条令、规定人们的权利和义务以及陈述案件事实的专用公文，因此，不容许有丝毫的引申、推理或抒发和表达感情的特点，所以，法律文件的签本句式通常是陈述句结构，没有感叹句和疑问句。

例如，The Arbitration Commission has one honorary Chairman and several advisers. The Chairman performs the function and duties vested by these Rules and the Vice-Chairman may perform the Chairman's function and duties with Chairman's authorization.

译文：仲裁委员会设名誉主席一人，顾问若干人。主席履行本规则赋予的职责，副主席受主席的委托可以履行主席的职责。

4. 被动句的翻译

英语法律文件中用于规定行为人的权利义务以及相关法律后果时常使用被动句式。被动句对有关事项进行客观的描述和规定，将动作本身放在了突出位置，有利于体现法律英语庄严、客观、公正的文体特点。

例如，An agreement it typically reached when one party（the offeror）make an offer and the other party（offeror）accepts it.

译文：当一方（要约人）做出要约，而另一方（接受要约人）接受要约时，双方就达成了一个典型的协议。

5. 复合句的翻译

法律语言复合句式中，各句子之间的逻辑关系，通过各句之间的逻辑意思关系来体现，根据句子间不同的意思关系可将复合句分为假设、目的、选择、并列、解释等类型。

（1）假设复合句。假设复合句中的分句表示假设后果的逻辑关系，即分句中提出一种假设情况，主句中说明该假设变为现实的后果，常用 if 等形式。

（2）目的复合句。目的复合句指完整句中各分句存在表达目的的逻辑关系。由于法律的制定和实施都是为了达到某一或某些目的，法律语言大量使用目的复合句来显示某种行为存在的目的逻辑关系，多采用 in order to、for the purpose of 等形式。

（3）选择复合句。选择复合句可通过不同的分句将某一事物存在的多种情况列举出来，并要求从中选择一种。选择复合句在法律英语中多用来表示列举性的关系，常用 or/nor 来表达。

（4）并列复合句。并列复合句是由两个或两个以上相互联系的分句组成的复合句，各分句分别叙说相关的几件事或同一个事物的几个方面。法律英语中通过并列复合句的使用，将某一事物各个方面的含义解释清楚，从而确保法律语言的周密性。

（5）解释复合句。解释复合句表示分句之间存在解释、说明关系。在法律英语中的解释复合句，一般指的是后面的分句对前面分句的解释、说明，且较多采用总分和并列陈述的方式。

6. 完整句的翻译

法律语言除了要以陈述句式为主外，还要求信息陈述完整、详尽和严密，以防因句子省略或缺失而出现漏洞或产生歧义，因此法律英语句子还应具有完整性特征。

（三）法律语体翻译的技巧

1. 直译法技巧

由于法律文本强调文体的庄重性和语言的严谨和严密，所以，为了保留这些特征应采用直译的翻译方法。

例如，All States have the duty to contribute to the balanced expansion of the world economy, taking duty into account the close interrelationship between the well-being of the developed countries and the growth and development of the developing countries, and the fact that the prosperity of the international community as a whole depends upon the prosperity of its constituent parts.

译文：所有国家有义务对世界经济的均衡发展做出贡献，要适当考虑到发达国家的福利同发展中国家的增长和发展之间的密切关联，并考虑到整个国际社会的繁荣依赖于其组成部分的繁荣。

2. 重复法技巧

为了清楚地表达法律条文和规则，避免产生歧义，英语法律文本翻译常使用重复法。

例如，In any arbitration proceedings between the parties under or in connection with this Contract, in any legal proceedings for the enforcement of any arbitral award between the parties under or in connection with this Contract and in any legal proceedings between the parties under or in connection with this Contract, each party expressly waives any other defence based on the immunity of the sovereign State. Any award of the arbitrators shall be enforceable by any court exercising jurisdiction over the losing party or over the location of the losing Party's assets.

译文：在根据本合同进行或与本合同有关的，双方之间的任何仲裁程序中，在为执行根据本合同进行或与本合同有关的，双方之间的任何仲裁裁决的任何法律程序中，及在根据本合同进行或与本合同有关的，双方之间的任何法律诉讼中，每一方明示放弃以主权国豁免权为理由的任何其他辩护。仲裁员的任何裁决，应可由对败诉方行使管辖权，或对败诉方资产所在地行使管辖权的任何法院执行。

3. 词性转换法技巧

英汉分属于两种不同的语系，同时二者在语言使用习惯上存在着很大的差异性，这对英汉互译提出了挑战。英汉两种语言在使用过程中并非对应的，因此，在翻译中恰当转换词性进行本土化翻译十分重要。

但是需要注意的是，翻译过程中的词性转换并不是随意的，而是需要遵循一定的原则。词性转换应该在不违背原文含义的基础上，最大限度使译文简洁流畅。在法律文本翻译过程中，应该根据具体的文章特点采用灵活的词性转换策略。

例如，This agreement is subject to the approval of the examination and approval authority before it shall become effective.

译文：本协议须经审批部门批准后方能生效。

（1）增补。增补即在原文字面含义的基础上添加必要的单词、词组或句子，以使译文在语法、语义、语言形式上更符合原文的实际含义，并使译文的意思表达得更完整、严谨、清晰。尽管增补法看起来增加了原文字面中没有的含义，实际上却是忠实了原文，保证了译文的质量。

例如，Notwithstanding the foregoing，a Party hereby waives its preemptive right in the case of any assignment of all or part of the other Party's registered capital to an affiliate of the other Party.

译文：尽管有上述规定，如果一方将其全部或部分注册资本转让给一家关联公司，另一方则在此放弃其优先购买权。

（2）省略。由于英汉语言在表达习惯、文化等方面有较大的差异，因而翻译时除了增补适当的词语之外，还要适当省略某些语言成分。省略即将原文中所有该表达的，却在译文中多余的内容省略不译的方法。需要指出的是，省略是减词不减意，目的是更符合译语的表达习惯，使译文意思更明确，文字更加流畅。

（3）调整语序。英语在表达上习惯将句子的重点和中心放在句首，开门见山，点明主体。但是汉语是一种含蓄性的语言，习惯将中心思想放到句中或段尾。明确了这个特点，在翻译过程中，译者需要根据具体情况进行语序上的调整。调整语序就是按照译语的表达方式，依照时间先后、逻辑关系将源语的顺序加以改变，有时甚至需要全部打乱，重新排列。这样能够使译文更符合目的语的表达习惯，表达更清晰。

例如，The Company will retain its full power and authority to use such inventory and assets and to continue to conduct its business after the transfer of the Purchased interest and will not violate any PRC laws and regulations.

译文：本公司将保留使用上述存货和资产以及在转移购买权益后继续经营。

（4）长句拆译。英语法律文献中存在较多信息量较大的长句。翻译时，如果不能厘清各个句子间的复杂关系就不可能译得正确、通顺、自然。因此，翻译长句时应考虑使用拆分法，即切断原文句子，化长为短，或者将原文拆散，重新组织。

例如，If the Respondent applies to the court for it to consider the Respondent's financial position after the divorce，the decree nisi cannot be made absolute unless the court is satisfied that the Petitioner had made or will make proper financial provision for the Respondent, or else that the Petitioner should not be required to make any financial provision for the Respondent.

译文：倘若答辩人提出申请，要求法庭考虑其离婚后的经济状况，则法庭须事先认为呈请人已经提供或将会提供予答辩人妥善的经济援助，方可将暂准离婚令正式确定为最终/绝对离婚令。倘若答辩人没有提出如此申请，则呈请人无须给予答辩人任何经济援助。

二、财经语体的英语翻译

财经涉及的面较广，包括金融、投资、保险、经营管理、市场营销、合同和法律文书等，由于涉及权利和义务，财经英语表达严谨，语法结构复杂，不允许有半点纰漏。

（一）财经语体翻译的特点

1. 术语缩写专业

（1）专业术语。财经术语词汇的含义同我们日常所熟悉的意思不同，需特别注意。equity（capital stock）股本，go public 上市，blue chip 蓝筹股（指由殷实可靠的公司发行的值钱而又热门的股票），bull campaign 哄抬证券价格，pick up 股票上扬，current asset 流动资产，journal entry 日记账分类，periodic inventory system 定期盘存制，premium bond 溢价债券，underwriter 承销商，fractional reserve 部分准备金（银行根据法律必须保持存款中的一部分作为准备金），balance sheet 资产负债表，called-up share capital 实收股票资本，share premium 股票溢价，option 期权，选择权（在一定的时期内选择买卖的权利），in the money 实值期权，优价期权，at the money 平值期权，gold standard 金本位制，rate of turnover 周转率，share premium account 股票溢价账户（指公司股东的一部分基金，由购买新的股票溢价构成）。

（2）经常使用缩写。IPO（initial public offering）股票首发，LP（ledger page）分类账账页，FIFO（first in，first out）先进先出法，LIFO（last in，first out）后进先出法，CPA（Certified public accountant）注册会计师，VAT（value added tax）增值税，LCM（lower of cost or market）成本与市场孰低。

2. 语言正式精简

The very close links between all currencies and gold function well for the operation of international payments. 一切货币和黄金的紧密联系对国际支付活动发挥了良好的功能。

When financial account are prepared, the trading and profit loss accounts are indeed debit and credit accounts in their own right, conforming to normal double entry principles. 当编制结算

账时，按照一般的复式簿记原则，交易账和损益账凭本身的性质确实是借记账和贷记账。

3. 内容缜密周到

由于涉及双方或几方面的利益，金融合同、文件或一个条约所给的定义、条款和内容必须精确。为做到准确无误，不产生任何差异，用英语拟订、书写这些文件、合同时，除用词恰当外，还会用许多从句、短语用来修饰或限定其内容，因此，结构复杂、句子冗长。

4. 句法广泛运用

为了做到语言简洁、内容表达客观公正和有关事项描述的准确无误，在财经英语的使用中常出现大量的被动语态、非谓语动词、情态动词以及各种从句。

例 1：Accounting is an information system of re－cording，interpreting，measuring，and analyzing economic activities.

译文：会计是记录、解释、衡量和分析经济活动的信息系统。

例 2：Capital transactions，whether long-term or short-term，are customarily designated as capital inflows and outflows.

译文：资本往来，无论是长期的还是短期的，通常称作资本流入和流出。

例 3：These loans might include money borrowed from the bank along with money borrowed by issu-ing certain types of security which is to be repaid within one year.

译文：这些贷款有的可能是从银行借的钱，还有通过发行某种形式的债券借的钱，这些都必须在一年之内还清。

（二）财经语体翻译的策略

1. 准确理解原文

一些财经英语的用法和日常英语的用法不大相同，与平常所熟悉的一些普通名词，在财经英语中意思经常会有一些变化，如何翻译这些术语和习惯表达法，以及这些词应该和哪些词搭配都是非常重要的。在翻译财经英语时，必须根据上下文去把握和理解其真正的含义。

例如，sight deposit 期存款（又称 demand deposit，在英国指存在银行等存款机构，不经事先通知即可用支票或提款单领取的存款），trust 信托，value date 计息日期，bank reconciliation 银行往来调整表，outstanding check 未兑付支票，check clearance 支票交换，discount rate 贴现窗口，hedge 对冲操作（它是在期货市场采取与现货等量而买卖相反的交易方式），spot dollar exchange rate against pound 美元对英镑的即期汇率，swap deal 掉（调）

期交易［掉期交易是在某一日即期卖出一种货币（美元），买进另一种货币（英镑）的同时，反方向地买进远期美元，卖出远期英镑，即把原来持有的货币来一个掉期］。

又如，Channel of distribution is a route taken by a product offer from supplier to consumer.

译文：销售渠道是产品从供货商的手中传到消费者的手中所经过的途径。

解析：该句中 channel of distribution 的意思是"销售渠道"。

2. 掌握文体特点

文体不同其语言风格就不同，财经英语的语言非常精练、正式，有很多附加成分修饰。

例如，A draft（bill of exchange）is an unconditional order in writing prepared by one party（drawer）and addressed to another（drawer）instructing the drawer to pay a specified sum of money to，or to the order of，a third person（payee），or to the bearer，on demand or at a fixed and determinable future time.

译文：汇票是一方（出票人）写给另一方（受票人）的一种无条件的书面命令，指示受票人即期或定期在确定的日期将规定的金额支付给第三方（收款人）或付给第三方指定的人或支付给持票人。

解析：这个长句子包含两个过去分词短语 prepared by one party（drawer）and addressed to another（drawer），一个现在分词短语 instructing the drawer…做定语，还有几个介词短语和固定搭配，如：a sum of money、to the order of、on demand or at a time。

3. 把握句子结构

英汉两种语言的主要句子结构大致是相同的，然而也经常有差异比较大的情况，翻译时需要慎重考虑。

例如，Insurance certificate has the necessary items of an insurance policy，but it doesn't set out the rights and duties of the insurer and the insured，which are still subject to the detailed insurance clauses of a formal insurance policy.

译文：保险凭证有保险单上的必要项目，但它并不列出保险人和被保险人的权利和义务。他们应以正式保险单详细的保险条款为准。

解析：原文是一个句子，包含一个非限制性定语从句 which are still subject to the detailed insurance clauses of a formal insurance policy，这个非限制性定语从句和前面的内容紧密相连，是一个完整的句子，但翻译成汉语时需要把这个非限制性定语从句单独翻译为一个独立的句子。

4. 理会词类转换

就句子内部而言，英语重形合，句子各成分联系紧密；汉语重意合，结构松散，更多依赖句内各成分的顺序。就句子之间的联系而言，汉语重视句子之间的联系，而英语不太重视句子之间的联系。

例 1：Public relation is the planned and sustained effort to establish and maintain good will and mutual understanding between an organization and its publics.

译文：公关旨在为企业与其公众对象间建立并保持良好的意愿和相互理解的、有计划的、持续的努力。

解析：英语句子中的定语如果是短语的话一般放在所修饰的词语后，这样句子的各个主要成分联系紧密，句子结构形式一目了然。然而翻译为汉语时却要把定语放在所修饰的词的前面，这是由于汉语句子重意合，结构相对比较松散的原因。

例 2：Cover note is an informal insurance document which indicates the temporary insurance coverage to enable the insured to enjoy the benefits of a pol-icy which is being prepared.

译文：暂保单是一种非正式保险单据，它载明临时的承保险别，以便被保险人享用正在制备的保险单的权益。

解析：这个英语句子中有两个定语从句，全句是个有机的整体，但在翻译为汉语时变为几个并列的短句，因为汉语句子之间的联系非常紧密，前后都有一定的逻辑关系。

5. 适当增减词汇

英汉两种语言句子结构、表达方式、修辞手段的特点不尽相同，所以在翻译的时候为了使译文更加精练，更符合汉语的表达习惯，有时需要省略部分词语；而有时为了使译文更清楚，可按意义、修辞和句法的需要在译文中加入虽无其词而有其意的词，使译文更加通顺地表达出原文的思想内容。同时可以将原文的一句话分成几句，也可以根据具体情况把两句话合成一句，或将原文的顺序适当调整，这样做的目的是使译文的意思完整准确。

例如，Insurance policy or certificate is acceptable to the bank，but cover note issued by an insurance broker is not acceptable unless specially authorized.

译文：银行接受保险单或保险凭证，但是，除非另有说明，银行是不接受保险经纪人签发的暂保单的。

解析：原文的两个句子用的都是被动语态，强调的是行为对象，即 insurance policy or certificate（保险单或保险凭证），但翻译成汉语时要用主动语态，若翻译为“保险单或保险凭证被银行接受，但是，除非另有说明，保险经纪人签发的暂保单是不被银行接受的”，则不符合汉语的表达习惯，读起来会显得非常别扭。

第六章　跨文化视角下的英语翻译探索

第一节　英语翻译中的跨文化意识培养

跨文化意识指的是在与外国友人交流沟通过程中，能够结合文化背景的差异性，选取合适的语言表达，实现整个交流过程的得体性。因此，在英语翻译教学过程中，应高度注重培养学生的跨文化意识，以此来提高译文质量。

一、英语翻译中跨文化意识的培养价值

（一）有助于深入理解原文含义

英语翻译不仅是对单词与词语的简单翻译，而是对于文章以及句子具有整体的理解和把握，在此基础上开展翻译工作。这也要求翻译工作者在英语翻译前必须能够正确和全面地理解原文含义，否则很有可能在翻译过程中出现理解错误的问题。在进行英语翻译的过程中，不仅要对原文中句子和单词所表达的含义有正确理解，同时，还要思考句子的结构，以及在整个文章中发挥的作用，进而能够深入挖掘文章的深层次寓意。然而在英语翻译过程中，培养学生的跨文化意识，能够使其对忧虑国家有更深入的了解，特别是英语文章的语言习惯及表达风格，不仅能使翻译工作更加顺利，还能避免由于文化差异所造成的翻译失误，特别是对一些俗语的翻译，跨文化意识是十分关键的内容。例如，在人物的称呼方面，中文中的文字表达有大爷、叔叔，然而英语中只有“uncle”，姐姐和妹妹同样用英语表达为“sister”，哥哥和弟弟表达为“brother”。在称呼方面的差异性，要求翻译工作者必须深入理解原文才能正确开展翻译工作。

（二）有助于优化翻译语言表达

英语翻译是一项具有系统性、结构性以及全面性的工作内容，并不是单纯将英语文章中的语句和词汇直接转化为汉语语言，如果学生在英语翻译过程中，并未结合文化差异性

和原文的思想内涵，则展开直接翻译，那么翻译的语言表达必将十分生硬，缺少语言原本的韵律以及逻辑性，很难真正将原文表达的含义清晰地呈现出来。当前许多学生在进行英语翻译的过程中，在理解文章的环节通常运用汉语思维，并没有真正结合西方文化背景，以及原文作者的思维进行问题思考，导致翻译的语句缺少美感，过于机械化和生硬化。通过在英语翻译中培养学生的跨文化意识，有利于引导学生提高思想意识，使其对英语原文的感性认知进一步强化，进而在实际翻译的过程中，结合西方文化背景和思维逻辑，实现英语翻译文章整体表达的进一步优化。

二、英语翻译中跨文化意识的培养策略

（一）认知中英文化差异

英语翻译并不仅仅是英语语言转化为汉语语言这么简单，而是基于两种文化沟通交融的基础上形成新的译文。在英语翻译的教学过程中，培养学生跨文化意识，英语教师必须引导学生正确认知文化差异，并且结合文化差异选取针对性的翻译策略。首先，直译这种英语翻译方式，保持原文的表现形式和意义，最为显著的特征则是语言文化特点和文字风格高度一致。

直译在英语翻译中的应用，不仅可以呈现原文本身的英语特色，也为广大学生提供了解英语文化的机会，对于丰富学生的英语表达形式，具有积极意义。这种翻译在实际运用过程中所遵循的原则是忠于原文，无论是在表达形式以及表述内容方面，均保持与原文的高度一致，呈现出其特有的风格。在英语翻译过程中，难以通过直译来实现原文表达的完整性，并且无法从汉语语言中获取词语与之对应时，则需要通过意译来实现英语翻译，结合整个文章所表达的含义，将翻译的内容与上下文精准衔接。

相比直译而言，意译更加侧重于文章含义的表达，对于英语原文的中心思想传递更为准确和直观。音译是将英语原文中的词汇根据读音翻译为目的语，通常用于特殊文化现象的翻译，以及人名和地名等，这些翻译对象，通常是一些具有概念性的名词或者外来事物，如席梦思翻译为 simmons、扑克翻译为 poker、布丁翻译为 pudding、歇斯底里翻译为 hysteria 等。在英语翻译教学过程中，培养学生跨文化意识，可以通过三种不同的翻译策略，实现对学生的引导，帮助学生正确认知文化差异的客观存在，并且使其能够正确衡量文化差异下的英语翻译，进一步提高翻译的准确性与完整性。

（二）培养中英平等意识

多元文化冲击背景下，我国当代大学生深受西方文化的影响，出现部分崇洋媚外的现

象，这种问题比较会影响英语翻译的客观性。在英语翻译教学过程中，教师需要引导学生英语翻译的根本目的，并不是实现两种语言之间的转化，而是文化的交融和影响，有意识地引导学生站在客观角度看待中西方文化。一方面不能盲目自大，对西方文化秉持不尊重的态度，甚至随意抨击；另一方面也不能过度推崇西方文化，崇洋媚外的思想并不可取。大学生在进行英语翻译的过程中，必须站在公平客观的角度，具备和谐的文化交融意识，在保护中华民族语言文化的基础上，尊重西方文化。同时，跨文化意识培育需要引起高度重视，我国大学生在成长过程中所经历的，均是中华优秀传统文化的感染与影响，所以，在与其他文化的交流和接触过程中，学生习惯于运用本国文化体系进行理解。跨文化交际意识的培养，能够帮助学生正确认知中西文化的差异，并且采取客观的态度展开翻译工作。例如“a lucky dog”译为“幸运儿”，“a gay dog”译为“快乐的人”。可见，不同文化背景下，相同词语的含义具有差异性，英语教师在翻译教学过程中应从文化平等的角度入手，强化大学生的跨文化意识。

（三）多元英语教学方法

1. 专题教学方法

英语翻译教学过程中，培养学生跨文化意识可以结合当前的培养现状，设计并组织文化主题教学活动，该活动的展开主要是围绕学生在翻译学习过程中，出现的较为普遍性的文化冲突与矛盾问题。英语教师在为学生介绍英美相关的文化知识、风俗习惯、人文历史以及社会环境的过程中，根据其性质特点进行整合归纳，制作成为不同的专题教学活动，进而有针对性地带领学生了解英美文化，使学生有机会从多种途径了解不同类型的英美文化，进一步提高学生的语言认知与应用能力。专题教学活动的开展，须基于当前学生的实际学习需求，且保证跨文化主体的内容与英语常用语密切相关，如在英语翻译过程中较为常见的成语、谚语、诗歌以及名人名言等。这些常用语实质上蕴含十分丰厚的文化底蕴，同时也是英美文化的承载，在这些内容的英语翻译方面，体现着大学生的综合翻译水平。

在开展英语翻译的专题教学过程中，可以根据以较为普遍的句式，来强化学生的跨文化意识。例如，“when the cat is away，the mice will play”，这句英语语句从字面意思理解为：当猫离开后，老鼠们可以肆意妄为地玩耍，但是实质上这句可以翻译为“山中无老虎，猴子称大王”。中英文中许多关于动物以及色彩的比喻词语，均蕴含着十分丰厚的文化背景。又如，在英美文化背景中，猫头鹰象征着智慧、聪明，但是在我国文化中，人们并不喜爱猫头鹰。在翻译过程中，只有具备跨文化意识，才能避免文化分歧的出现。英语教师在培养学生跨文化意识的过程中，需要从语言的背后挖掘文化知识，通过专题教学法来深化学生的理解。

2. 合作教学方法

在英语翻译教学过程中，运用合作教学法来进一步提高大学生的文化探究能力。跨文化意识培养需要一个循序渐进的过程，合作教学法是一种行之有效的培养方法，英语教师可以在课堂教学中为学生进行分组，并带领学生共同观看经典美剧原声片段，并针对原生片段中的对话进行分割，由每个小组分别负责不同部分对话的翻译工作。例如，在经典美剧《生活大爆炸》[1] 中，Sheldon 返回到了德克萨斯州老家和母亲团聚，母亲为其准备了饭菜，并且对他说：Hold your horses，young man！如果采取直译的方法，则可以将其翻译为：勒住你的马，年轻人！很显然这与这部作品显然有一定差距，翻译的结果并不恰当。实质上这句话是一句较为常见的谚语，可以将其翻译稍等一下、忍耐一下。英语教师通过采取合作教学的方法，为学生之间相互探讨交流提供良好的空间，使其能够结合剧情进行精准的理解和翻译，实现大学生跨文化意识的提升。

（四）强化课外教学活动

英语翻译教学过程，学生跨文化意识培养是一项复杂的工作，且需要一个循序渐进的过程，仅靠英语课堂教学时间很难获取理想化教学效果。所以，课外实践活动在英语翻译教学中至关重要，英语教师必须充分认知其重要性，为学生组织多种多样的课外活动，并引导学生积极参与，在课外实践锻炼中，不断强化学生的翻译技巧运用以及综合能力。一方面，英语教师应注重文化环境的创设，在校园内为学生营造良好的英语翻译环境，可以通过组织和设计英语演讲比赛，文化节等课外实践活动，引导学生利用课余时间加强英语书籍报纸的阅读浏览，还可以根据自身的学习兴趣，选取英语电影进行观看，不断拓宽自身的英语视野。

学生在自主阅读和了解的过程中，英语读物所呈现出的西方国家的风土人情和风俗习惯，使其对英语文化背景有更深入的认知。在当今网络时代背景下，应充分凸显互联网的积极优势和作用，借助网络平台，打造英语翻译跨文化意识培养的第二课堂。英语教师可以利用网络途径，检索并采集广泛的英语国家文化资源，并对其进行整合归纳上传到网络平台，学生可以随时随地利用移动电子设备，进行在线阅读或下载，借助碎片化时间不断深化自身的英语文化解读能力。此外，学校方面还应注重与外企公司的合作，共同为学生打造英语翻译实践平台。诸多外企在英语翻译资源上具有显著优势，包含诸多实际的翻译

① 《生活大爆炸》（英 The Big Bang Theory，简称：TBBT）是哥伦比亚广播公司出品的电视喜剧，该剧讲述了谢尔顿和莱昂纳德等科学家和他们的朋友的故事。

案例，这些均可以作为英语翻译教学中跨文化意识培养的重要素材。

第二节　英语翻译中的跨文化交际因素

一、英语翻译中跨文化交际的特有文化

在英语翻译中常常承载大量文化性的表达，包括成语、诗歌、新词汇等，接下来展开论述。

（一）特有文化——成语

成语是长期使用、锤炼而成的简明并具有丰富文化内涵的短语或短句，在外事话语中往往大量运用成语，成语承载独特的传统文化或具有历史渊源，我们很难在目的语中找到对应的词汇，外事译者要充分理解成语的文化含义，并采用一定的翻译策略才能将文化含义传递到目的语中。

例如，“取长补短”“兼容并蓄”“亲仁善邻”“和而不同”等成语，在目的语中，很难找到与原文成语语义和句式完全对等的表达，因此，要着眼于成语的文化内涵，才能将以上成语翻译为英文。

译文：“seek mutual complementarities”

“accommodation and integration with foreign cultures”

“befriend the neighbors”

“pursue harmony out of a respect for differences”。

（二）特有文化——古诗词

古人留给我们丰富的文化遗产，诗词就是其中独特的珍宝，我国各级领导在会晤、致辞或者与外宾交流中都喜欢引用古诗词。

例如，“惟楚有才，于斯为盛。”

译文：The elites were produced in State Chu, and the best were clustered in Yuelu Academy.

本词形容悠久深厚的湖湘文化。古诗词源语往往包含许多修辞手段且有严格的格式韵律，含有大量的文化信息，很难将文化信息移植到目的语中。根据奈达的理论，“在各种翻译中都存在语义的缺失，但是翻译就是最大程度地减少这种缺失的过程”，在诗词的翻

译中译者应采用适当的翻译策略尽量减少源语文化含义的丢失。

二、英语翻译中跨文化交际的思维差异

翻译不仅是语言的转换，也是两种思维方式的转换，由于中西思维方式的差异，汉英语言在造字、语篇结构、话语组织等方面也存在较大差异。汉语重意合，英语重形合，汉民族重悟性和辩证思维，西方人重理性和逻辑思维。汉语叙述和说明事物时，习惯于从大到小，从一般到特殊，从整体到局部；而英语则相反。这一差异在汉英句子的词序中有大量的反映，如在时间、地点、人物介绍等排列顺序中，汉语都是从大到小，英语则都是从小到大。还有两个以上的定语修饰名词时，汉英排列顺序相反，如“Shanghai is one of the biggest cities in the world（上海市是世界上最大的城市之一）”。另外，汉语的词或概念的意义往往是模糊的，必须依靠上下文语境来辨析其所指，而英文词义更加精确。外事译者不仅要掌握语言的表面形式，还要尊重和了解目的语受众的思维习惯，超越语言和文化的差异，运用符合目的语受众文化心理和思维习惯的英语语言，达到翻译的效果。

三、英语翻译中跨文化交际的文化敏感性

对于不同文化间的存在差异敏感性，就是跨文化意识，或称为“文化敏感性”。从心理学角度讲，跨文化交际能力的培养建立在跨文化意识培养的基础之上。同样，对于跨文化交际翻译，作为第一轮交际活动的参与者，译者的跨文化意识是其能否成功进行跨文化交际翻译的关键。跨文化意识指的是跨文化交际中参与者对文化因素的敏感性认知，通常分为四个层次：①对那些被认作是怪异的表面文化现象的认知；②对那些与母语文化相反而又被认为是不可思议又缺乏理念的显著的文化特征的认知；③通过理性分析从而取得对文化特征的认知；④从异文化持有者的角度感知异文化。其中第四个层次是跨文化意识的最高境界，要求参与者具备“移情”和“文化融入”的本领。即在充分认识异文化差异的基础上，将自己“代入”对方的心境，设身处地地体味别人的际遇和感受，在异文化背景上观察和思考问题。

对于一个面对两种文化的译者而言，在选择如何处理文化因素时，还应意识到自己为什么要这么做。即除了上述之外，其跨文化意识还应具有自己独特的内涵：①对受自身文化影响的行为的意识；②对他人受其自身文化影响的行为的意识；③对自身文化观点做解释的能力。因此，译者的跨文化意识可以概括为三点：①对源语文化的意识；②对译入语文化的意识；③对自己采取的翻译策略与方法做出解释的能力。这三个方面密不可分：第一点和第二点构成了译者跨文化意识的第一层次，即对不同文化之间异与同的敏感性认知，这一层次只是进行翻译的基础。作为翻译活动的主体，译者还要意识到影响跨文化传

播的诸多因素，并且能够对自己所采取的翻译方法做出解释，即能够意识到自己在做什么以及为什么这么做。在跨文化交际中，描述、解读和评价是观察陌生人行为的三大认知过程。区分这三个过程是有效进行交际的必要条件。如果不能区分交际过程中的这三大过程，很可能会跳过描述过程直接到解读或评价过程。这种解读通常以我们的文化、民族和社会阶层为基础。其中可能有误解，会导致不好的交际效果。而通过描述该行为，我们寻求不同的解读。翻译也如此。译者在面对被翻译对象时，对不同文化间异与同的敏感性认知，可以让其对源文的“描述”具备针对“对源语文化的意识”和“对译入语文化的意识”的不同解读和评价，从中做出不扭曲源语文化并可以让译人语读者正确接受“描述”所带来信息的语际转换，并具备对自己采取的翻译策略与方法做出解释的能力。

四、英语翻译中跨文化交际的身份错位

身份错位包括言语行为错位、视角的错乱等。在翻译中国古典文学时，译者不可将中国古人的言语行为西化成英美人的行为举止，同样，将西方文学译为中文时，将小说中人物用汉语名称来代替也是不恰当的。为了保持源语的文化身份，以源语文化为归宿的译文，应追求展现异域文本语言和文化差异，因而使异文化因素得以凸现和传播。在翻译中国特有的事物时，不可借用英语或西方文化中类似的词语来将就。这种同化思维会造成文化误传以及文化元素的遗失。

五、英语翻译中跨文化交际的文化错位

一份不合格的译文会使译文中源语文化内涵大大削减甚至改变。从根本上讲，中西文化的差异来源于中西观念的不同。翻译时，应该注意体现源语与目标语这两种不同的精神实质，必须保留各自的文化特色。文化错位中还包括对民族心理认识的错位。东方人在自我民族文化的熏陶和教育中，以自谦为美德，与人交谈中常自我贬抑；西方文化却要敢于肯定自我，并且乐意接受别人的赞赏。中国人在待客时常自谦，外国人则可能误解。对西方人而言，如果自己有能力，就不必过分自谦。

第三节　英语翻译的跨文化语篇与转换

语言是文化的载体，文化是语言滋生的土壤。语言在其形成和发展过程中，深深地烙印在社会生活各个方面，反映和折射着某一独特的文化现象。因此，翻译与文化有着密切的联系，研究翻译必然要研究相关的文化。然而，翻译作为特定语境下的跨文化交际活

动，并不涉及某一文化整体的所有方面。

特定的跨文化翻译通常并不涉及整体文化的所有方面，而只涉及相关的话语系统和话语社团。基于“话语系统”“话语社团”的概念和理论，语言之间的翻译实际上应该进一步划分为“话语内翻译”（intra-discourse translation）与“跨话语翻译”（inter-discourse translation）。表面上不同的语言体系或语言社团之间并不是彼此孤立、毫无联系的，而是有所重叠和交叉，即不同的语言体系或语言社团中包含有相同或相似的话语体系或话语社团。换言之，使用某一语言的某些人，可能会与使用另一语言的某些人，属于同一个话语体系或社团，因而这些人之间的交流，就是同一话语内的交流，比较容易做到相互理解。他们之间交流的障碍，主要因为各自语言之间的差异。而对于不属于同一语言社团，又不属于同一话语社团的人而言，交流不但会碰到语言上的障碍，而且还会因为话语体系或社团的不同遭遇更大的困难。他们之间的交流就较为复杂，理解上的障碍也更多。同一话语社团内的交流与不同话语社团间的交流所存在的差异，必然对其产生深刻的影响，并因此呈现不同的特征。对于同一话语社团不同语言之间的翻译，一般以直译为主；而对于不同话语社团的不同语言之间的翻译，一般则以意译为主。文化的差异一般是存在于不同话语社团之间的。“话语翻译”要建立在语篇分析的基础上。

语篇模式实质上就是人们在特定文化的具体语境中使用语言完成其交际任务的习惯性方式和程序。从根本上而言，语篇的构建方式与所使用的语言没有必然的联系，尽管同一语篇模式在不同的语言中的实现可能会有一些差异。决定语篇构建方式的主要因素是文化，即基本文化观念与价值，包括如何看待外部客观世界以及人与外部世界的关系，如何看待个人与社会之间、人与人之间的关系，等等。决定文化基本特质的内容，在很大程度上决定着人们会构建出的语篇。语篇的不同与人们对语言的使用，即话语密切相关，而与使用的语言之间的差异并无本质上的联系。因此，一些用不同语言表达的语篇之间的相似之处，可能明显大于用同一语言，表达的语篇之间的相似之处；某些同一语言语篇之间的差异也可能大于不同语言语篇之间的差异。例如，有些汉语语篇可能跟某些英语语篇有更多的相似之处，而同样是英语语篇或汉语语篇，有些语篇各自内部之间的差异也许还可能会大于与另一种语言语篇的差异。

对于不属于同一语言社团，但属于同一话语体系或话语社团的话语内语篇翻译，由于牵涉到的文化差异相对较少，在翻译时可更多地采取直译或异化翻译的方法；对于那些既不属于同一语言社团，又不属于同一话语体系或话语社团的跨话语语篇翻译，可能要采用意译或归化的翻译方法，以解决不同话语社团之间的文化差异问题，才能成功实现跨文化交流的目的。翻译不仅是语言符号间的转换，更确切地说是文化符号间的转换。各民族文化间的共性使转换成为可能，文化的差异使转换不可能完美，甚至可能成为一定程度上的障碍。文化的个性会形成文化差异的鸿沟，译者的使命就是架设跨越鸿沟的桥梁。

无论英语还是汉语中，都有许多具有浓郁文化特色的词语，特别是在许多成语、谚语、俚语、方言、颜色词、动物名词、人名、地名中，文化内涵十分丰富，翻译这样的词语，应该掌握的一个原则是：一方面要尽可能传达源语的文化特色；另一方面又不逾越译入语文化和译入语读者可接受的限度，具体来讲，翻译这些文化内涵丰富的词语有三种策略。

一、英语翻译跨文化语篇与转换的直译翻译

就是在译入语中，保留原文的形象化语言，即文化意象。保留住原文的形象化语言，就等于为读者保留下了解异域文化的机会。同时，新形象的引入，有利于提高译入语文化对异域文化的解释和消化能力，成为译入语的“新鲜血液”，但表达时切忌生搬硬套，如将英语“armed to the teeth”译为“武装到牙齿”；将汉语“路遥知马力，日久见人心”译为“A long road tests a horse's strength and along task proves aman's heart”。

二、英语翻译跨文化语篇与转换的借用翻译

就是借用译入语现成的俗语来传译原文中的俗语。有两种情况：①源语中的表达方式，在意思和形象上同译入语的表达方式相似。例如：将英语成语“go trough fire and water”译成“赴汤蹈火”；将汉语成语“英雄所见略同”译成“Great minds think alike”。②源语中有许多表达方式尽管在译入语中找不到“形同意同”的对等表达方式，却可以找到“形异而意同”的表达方式。例如，将英语成语“leave no stone unturned”译成“千方百计”；将汉语句子“头头还没批准他的计划，所以他决定去拍拍马屁”译为“The chief hadn't accepted his plan yet，so he decided to go in and polish the apple”。但在译“形似而意不似”的习惯说法时，要避免望文生义。例如，不能将“pull one's leg”（跟某人开玩笑，取笑某人）译为“拖后腿”，或将“eat one's words”（收回前言，承认错误）译为“食言”。

三、英语翻译跨文化语篇与转换的意译翻译

由于英汉语言文化差异，有些文化内涵丰富的表达方式，既不能采取移植法/直译法，也难以采用借用法，只能采取意译法。例如，将汉语成语“粗枝大叶”译为“to be crude and careless”，而不是译为“with big branches and large leaves”；将英语“It was another one of those catch situations. You're damned if you doand you're damned if you don't”翻译为“这真是又一个左右为难的尴尬局面，做也倒霉，不做也倒霉”。需要注意的是，语言的文化内

涵并不总是一成不变的，随着时间的推移，有些文化内涵丰富的表达方式渐渐演变成了一般性词语，译时用意译法即可。如对“tribal war dances”的翻译，如果译成“跳着原始部落出战前跳的舞”，现代人可能觉得有点不太懂，还不如译成“狂欢乱舞”更易被人们接受。

第四节　跨文化视角下的英语翻译策略

一、跨文化视角下的英语归化翻译策略

归化是指遵守译入语文化和当前的主流价值观，采用归化方法就是尽可能不去打扰读者，而让作者向读者靠拢。归化以目的语及目的语受众为主导，当源语文化与目的语受众所能接受和理解的文化信息发生碰撞时，译者改变源语的形式使译文符合目的语受众的习惯。即使外事译者能够在目的语中找到与源语对应的词语，但是由于目的语受众的思维与源语读者的思维有差异，目的语受众仍然会按照习惯的文化心理去理解译入语。在翻译中使用归化手段能够使译文更加贴近目的语受众。

译者在翻译时由于无法找到对等词汇或语句等原因无法传达源语的形象，忽略源语形象又不能达到翻译的目的，可采用归化手段：选择目的语受众所遵循的表达方式，用目的语受众所能理解和接受的形象来代替源语的形象。这种归化法有利于使译文达到与原文相同或相近的表达效果，源语形象无法再现的缺失在一定程度上可以得到弥补。

二、跨文化视角下的英语异化翻译策略

异化的定义是偏离本土主流价值观，保留原文的语言与文化差异。在翻译过程中承认并能客观对待不同文化之间的差异，译者更多地考虑是从原文出发，保留源语的风格特点和文化气息。由于当前国与国之间的政治、经济、文化交流日益广泛和深入，全球一体化的进程迅速发展，在文化融合的大背景下，异化法保留源语的风格特点，对目的语也是一种拓展，是当前缓和文化冲突的有效翻译手段之一。这不仅有益于对外传递和推广本国的历史文化，也可以让目的语受众通过译入语文本感受异域文化风情，实现文化的传递与交流。

三、跨文化视角下的英语解释性翻译策略

各国的制度、文化、风俗等各有特色，涉及各国文化等方面的特定词语，在源语文化

背景下的本国读者完全能理解其含义，但目的语受众由于缺乏相关的文化氛围，无法理解其含义，在这种情况下，可以对特定词语或语句增加合适的解释，也就是解释性翻译，使目的语受众更好地理解和接受源语传达的文化信息。解释性翻译（也称为增译、加译）是根据源语和目的语间的差异，在翻译时增添了解释性的一些短语或句子，译出源语作者和读者没有理解障碍，而目标语受众却不甚了解的意义，是一种含有特殊文化意义的有效翻译手段。

例如，长沙是中国历史文化名城，这里还有中国三大名楼之一的岳阳楼，明清四大书院之一的岳麓书院，五岳独秀的南岳衡山，已列入联合国人类自然遗产保护名录的张家界武陵源自然风景区，等等。在翻译过程中，江南三大名楼、明清四大书院、五岳对中国人而言，没有必要对此加以说明，因为都知道这是我国古代的文化圣地，但是这一点需要向外国受众说明，不然他们会感到困惑，在翻译时增加“ancient”，对名楼、书院、五岳加以解释，让外国人明白这些都是中国具有悠久历史的古迹。

译文：The capital is Changsha which is a famous historical and cultural city，inHunan，we have Yueyang Tower，one of the three famous ancient towers of China，Yuelu Academy，one of the four ancient academies of China in Ming and Qingperiod，Heng mountain，most elegant one of five scared ancient mountains of China，Zhangjiajie natural forest park，listed in the United Nations list of protected naturalheritage of human being.

参考文献

［1］边立红，黄曙光．大学科技英语翻译教程［M］．北京：对外经济贸易大学出版社，2016.

［2］曹文娟，张婷．英语翻译教程［M］．长春：吉林人民出版社，2019.

［3］顾渝．商务英语翻译（第2版）［M］．北京：对外经济贸易大学出版社，2018.

［4］张红玲等．网络外语教学理论与设计［M］．上海：上海外语教育出版社，2010.

［5］赵红军．英语翻译基础［M］．沈阳：东北大学出版社，2014.

［6］陈晶晶．文化视域浅析茶叶英语翻译技巧［J］．福建茶叶，2020，42（9）：331.

［7］甘玲玲．基于建构主义的大学英语教学评价体系研究［J］．教育与职业，2010（18）：111.

［8］古丹．浅析英语翻译技巧与方法在实践中的应用［J］．福建茶叶，2020，42（3）：303.

［9］何靖．浅谈种子学科英语翻译的策略［J］．种子，2021，40（9）：144.

［10］林月俏．文化差异对广告英语翻译的影响［J］．时代文学，2014（8）：136.

［11］欧阳智英．转译法在英汉翻译中的运用［J］．文教资料，2017（20）：14.

［12］潘琳琳．翻译符号学视阈下符号文本链的互文性景观——以《红高粱》符际翻译为例［J］．外国语文，2020，36（4）：106.

［13］荣子英．语篇翻译探析［J］．考试周刊，2014（62）：27.

［14］魏姝．国内符际翻译研究透视［J］．北京邮电大学学报（社会科学版），2013，15（5）：93.

［15］吴平．《骆驼祥子》译本封面的多模态符际翻译研究［J］．浙江大学学报（人文社会科学版），2020，50（2）：144.

［16］向明友．试论大学英语课程体系建设［J］．中国外语，2016，13（1）：8.

［17］徐文．基于中西文化差异探讨茶艺英语翻译技巧［J］．福建茶叶，2017，39（8）：305.

［18］张晓芬，郑平坪．论跨文化因素对商业广告英语翻译的影响［J］．中国商贸，2011

(5)：251.
[19] 张颖，王荻秋．基于功能翻译理论的英语翻译技巧［J］．艺种，2018（2）：28.
[20] 祝克懿．新闻语体的交融功能［J］．复旦学报：社会科学版，2005（3）：10.
[21] 白靖宇．文化与翻译（修订版）［M］．北京：中国社会科学出版社，2010.
[22] 毕秀英，张泽芬，张云霞．英汉翻译理论与实践［M］．成都：西南交通大学出版社，2008.
[23] 常燕．英语翻译多维视角新探［M］．北京：中国水利水电出版社，2016.
[24] 段云礼．实用商务英语翻译（第 2 版）［M］．北京：对外经济贸易大学出版社，2013.
[25] 郝晶晶．商务英语教学理论与改革实践研究［M］．成都：电子科技大学出版社，2017.
[26] 胡蝶．跨文化交际下的英汉翻译研究［M］．长春：东北师范大学出版社，2018.
[27] 姜伟杰．商务英语教学理论研究［M］．长春：吉林大学出版社，2016.
[28] 荣立宇，崔凯．方言·文学·翻译［J］．西华大学学报（哲学社会科学版），2019，38（2）：13.
[29] 沈康．跨文化交际汉英翻译中的区别与融合［J］．海外英语（上），2017，(6)：103.
[30] 沈琳琳．文化传播语境下高职英语外译教学原则分析——以服饰文化翻译为例［J］．职教论坛，2015（35）：70.
[31] 滕静雅．浅谈英汉翻译中的长句翻译［J］．海外英语，2019（12）：46.
[32] 徐代．跨文化翻译中的异化与归化分析［J］．海外英语，2018（23）：163.
[33] 杨丹．翻译美学理论视角下的散文英译［J］．散文百家（理论），2022（3）：89.
[34] 杨柳，王涵．论现代文化的象征性［J］．青春岁月，2015（12）：542.
[35] 张云霞．小说翻译的两大基本技巧［J］．开封文化艺术职业学院学报，2020，40(6)：43.